Liebe Leserin, lieber Leser,

die Internetseite *Thispersondoesnotexist.com* ist schlicht gehalten: Zu sehen ist allein der Schnappschuss eines Menschen. Mal einer Frau, mal eines Mannes, zuweilen freundlich in die Kamera blickend, dann wieder gedankenverloren an ihr vorbei. Doch diese Personen existieren nicht. Eine Künstliche Intelligenz errechnet die Menschenporträts bei jedem Aufruf der Seite neu.

Wer sich mit Künstlicher Intelligenz (KI) und Robotik beschäftigt, erlebt viele solche irritierenden Momente, in denen man seinen Augen und Ohren nicht traut. Etwa wenn im Video „Do you love me" der Roboterfirma Boston Dynamics die Kolosse ihre metallenen Hüften mit mehr Feingefühl schwingen als die meisten Menschen.

Solche Projekte verblüffen, sind aber letztlich Spielereien. Die wahre Revolution findet anderswo statt: in Forschungslaboren, in Werkhallen, in Krankenhäusern. Gigantisch sind die Hoffnungen: Wo der Mensch von Problemen überwältigt ist, könnte KI helfen: Sie könnte unsere Städte gegen den Klimawandel wappnen, Krankheiten heilen, durch eine schonendere Landwirtschaft die Biodiversität schützen und zugleich den Hunger weltweit stillen.

Bedeutsam sind die Spielereien dennoch: Sie erschüttern unsere Wahrnehmung der scheinbar klaren Grenze zwischen beseelter und unbeseelter Natur. Können die technischen Geschöpfe jemals so sein wie wir Menschen? Können sie Gefühle entwickeln, gar ein Bewusstsein? KI und Roboter regen uns an, über uns selbst nachzudenken: Sind wir einzigartig? Und wenn ja, was macht unsere Einzigartigkeit aus?

Diese Ausgabe von GEOkompakt soll Ihnen helfen, die Arbeitsweisen und Chancen der neuen Technologien zu verstehen, aber auch ihre Grenzen und Gefahren. Und vielleicht geht es Ihnen bei der Lektüre wie mir: Je mehr ich über Künstliche Intelligenz lernte, desto mehr stieg meine Achtung vor unserer eigenen – der menschlichen – Intelligenz.

Viel Freude beim Blick in eine Gegenwart, die wie die Zukunft anmutet!

Martin Scheufens
Redaktion GEOkompakt

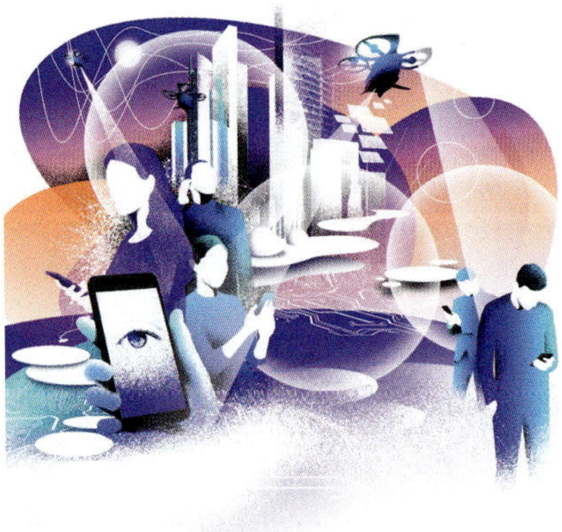

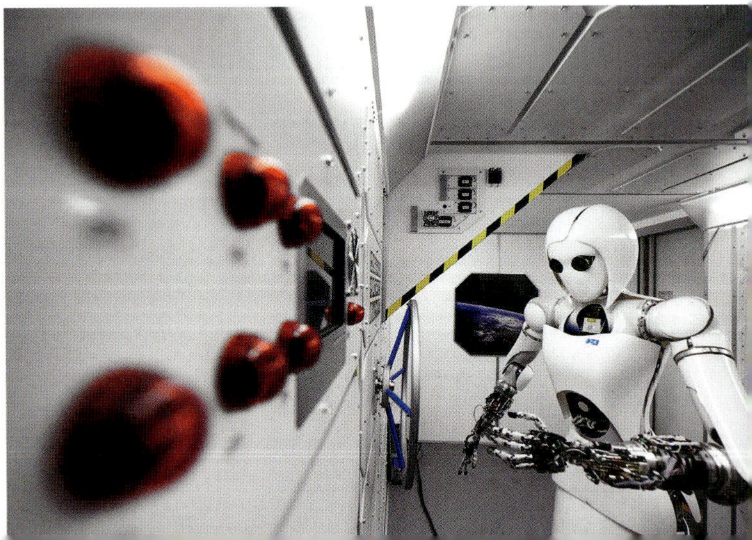

INHALT

NR. 71

Aufstieg der Künstlichen Intelligenz

Die Mensch-Maschine rückt näher

Alle Daten und Fakten sind vom Verifikations- und Rechercheteam im Quality Board auf ihre Präzision, Relevanz und Richtigkeit überprüft worden. Kürzungen in Zitaten werden nicht kenntlich gemacht. Redaktionsschluss dieser Ausgabe: 6. Mai 2022. Weitere Informationen zum Thema und Kontakt zur Redaktion: *www.geokompakt.de*. Titelbild: DigitalVision/Getty Images

[40]
Wie geht es Ihnen heute?
Algorithmen dringen in unseren intimsten Bereich vor: Sie sollen unserer Psyche helfen

[112]
Mein persönlicher Assistent
Sami Haddadin entwickelt feinfühlige Roboter, die uns im Alter helfen – falls wir das wollen

[88]
Mit der Kraft der Gedanken
EKG-Kappen können unser Gehirn auslesen und so Erkrankten helfen

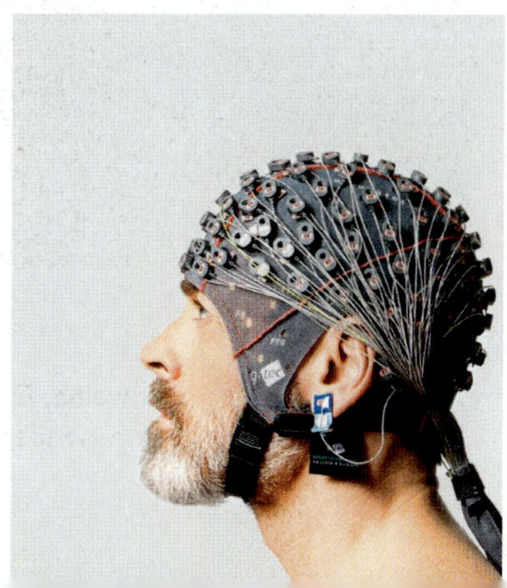

Das Robotermodell »Atlas« der Firma Boston Dynamics meistert inzwischen souverän Parkour-Strecken, die selbst für Menschen schwierig sind

Großer Sprung nach vorn

Künstliche Intelligenz revolutioniert die Welt – und unsere Sicht auf sie. Denn in der Wissenschaft stößt sie auf Erkenntnisse, wo wir Menschen nur Chaos sehen, und macht möglich, worauf wir bislang nur hoffen durften

Texte: **Niels Boeing**

KI in Robotik

Die Intelligenz des Körpers

Autonome Roboter gehören wohl zu den komplexesten Anwendungen von KI. Die Maschinen müssen sich aus der Vielzahl an Daten, die ihnen Kamera-Augen und Sensoren liefern, ein Bild von der Umwelt verschaffen – und von ihrer eigenen Position darin. Auf Veränderungen müssen sie in Sekundenbruchteilen mit passenden Bewegungen reagieren. Besonders anspruchsvoll ist der aufrechte Gang auf zwei Beinen, den humanoide Roboter beherrschen sollen. Zu den spektakulärsten Exemplaren gehören die Geschöpfe der Firma Boston Dynamics: Ihr Modell »Atlas« rennt und überspringt Hindernisse, und droht es zu straucheln, fängt es sich blitzschnell auf. Eine Richtung der KI-Forschung, die »Nouvelle AI«, vermutet, dass sich wahre Intelligenz überhaupt nur über körperliche Erfahrungen entwickeln kann und nicht allein aus Software. Erst die Roboterkörper aus Metall, Kunststoff und Elektronik könnten demnach KI ermöglichen, die Welt zu »begreifen«.

Mehrere Hunderttausend Proteine agieren im menschlichen Körper – je verschieden in Aufbau und Funktion

KI in der Biologie

Lebenswichtige Fadenknäuel

Forschende haben in den vergangenen Jahrzehnten die DNA des Menschen entschlüsselt, seinen Bauplan, der die Anleitung zur Produktion von Hunderttausenden Proteinen enthält. Diese bilden sich aus langen Ketten von Molekülen, die sich jeweils auf spezifische Weise zu dreidimensionalen Gebilden zusammenfalten. Je nach DNA-Sequenz bildet sich eine andere Form aus, und je nach Form hat das Endprodukt eine andere Wirkung und Funktion. Die Faltung der Proteine bestimmt also unsere Körperprozesse vom Stoffwechsel bis zum Immunsystem. Sie kann allerdings auch schiefgehen, solche Proteine spielen eine Rolle bei Erkrankungen wie Alzheimer, Parkinson oder Creutzfeldt-Jakob. Den Aufbau von Proteinen experimentell zu entschlüsseln ist ein zeitintensiver und teurer Prozess. Anders mit Künstlicher Intelligenz: Das KI-Unternehmen DeepMind konnte die Strukturen für einige bekannte Proteine mit unerwarteter Präzision berechnen, und zwar in Stunden oder teilweise sogar Minuten. Mediziner*innen hoffen nun auf neue Erkenntnisse für zukünftige Therapien.

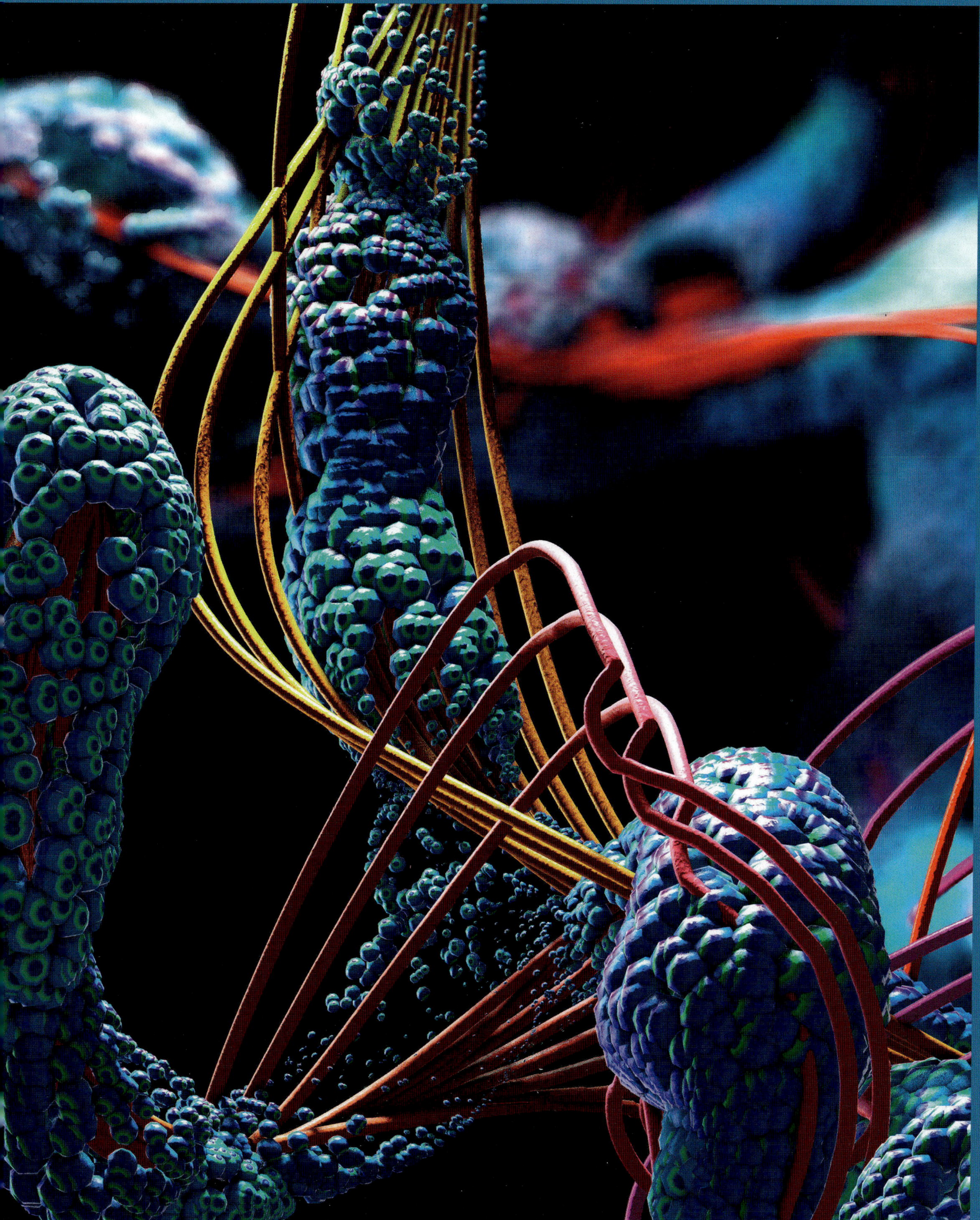

Dank Imkerei nimmt weltweit die Zahl der Honigbienen zu. Doch von den etwa 590 Wildbienenarten in Deutschland steht circa die Hälfte auf der Roten Liste der bedrohten Tierarten

KI in der Agronomie

Schutz für die Kleinen

In einigen Regionen der Welt lässt sich ein starker Rückgang von Bienenvölkern beobachten, oft plakativ »Bienensterben« genannt. In Mitteleuropa ist daran vor allem die Varroamilbe schuld, die Bienen als Parasit befällt und teils tödliche Viren in die Bienenstöcke einschleppt. An der École Polytechnique Fédérale in Lausanne haben KI-Forschende eine Bildanalyse-App entwickelt, die Imker*innen hilft, anhand von Fotos Milbenbefall aufzuspüren. Die App zählt die nicht einmal zwei Millimeter kleinen Schädlinge und liefert eine Analyse, wie sich der Milbenbefall mit der Zeit entwickelt – so können Bienenhalter*innen umgehend und vor allem korrekt dosiert die Milben bekämpfen. Auch sonst hält KI Einzug in die Landwirtschaft, etwa um sie widerstandsfähig gegen Klimawandel und ausgelaugte Böden zu machen. Das Bundesministerium für Ernährung und Landwirtschaft fördert 28 Forschungsprojekte, von KI-unterstütztem Unkrautmanagement über Ertragsprognosen bis hin zur Züchtung neuer, besser an ihren Standort angepasster Pflanzensorten.

Eine unter Baumdickicht verborgene Maya-Stadt wurde mittels Lidar virtuell freigelegt. Dazu tastete das Gerät die Landschaft während eines Überflugs mit einer halben Million Laserpulsen pro Sekunde ab

KI in der Archäologie

Neue Technik an alten Orten

Aufnahmen von Satelliten und aus Flugzeugen helfen der Archäologie seit Längerem, Ruinen auch an Orten aufzuspüren, wo man sie nicht vermutet hatte. Auf der Yucatan-Halbinsel in Guatemala identifizierten Forschende mithilfe der Lidar-Technik unter den endlosen Baumkronen des Regenwalds eine ausgedehnte Maya-Stadt (3D-Abbildung). Bei der Auswertung der Aufnahmen setzen Archäolog*innen inzwischen auch KI-Verfahren ein: Diese suchen in Bildausschnitten nach Mustern in der Landschaft, die nicht natürlichen Ursprungs sind, etwa Kanten und geometrische Formen. Diese weisen zum Beispiel auf alte Kanäle oder Grundmauern von Gebäuden hin. Bei der Analyse der Aufnahmen von Yucatan schnitt die KI besser ab als der Mensch. Weltweit hat die Archäologie mit KI-Verfahren neue Fundstätten entdeckt: etwa Skythengräber in Ostasien, Siedlungen in Madagaskar oder eine Landschaftsfigur in der Nazca-Ebene in Peru.

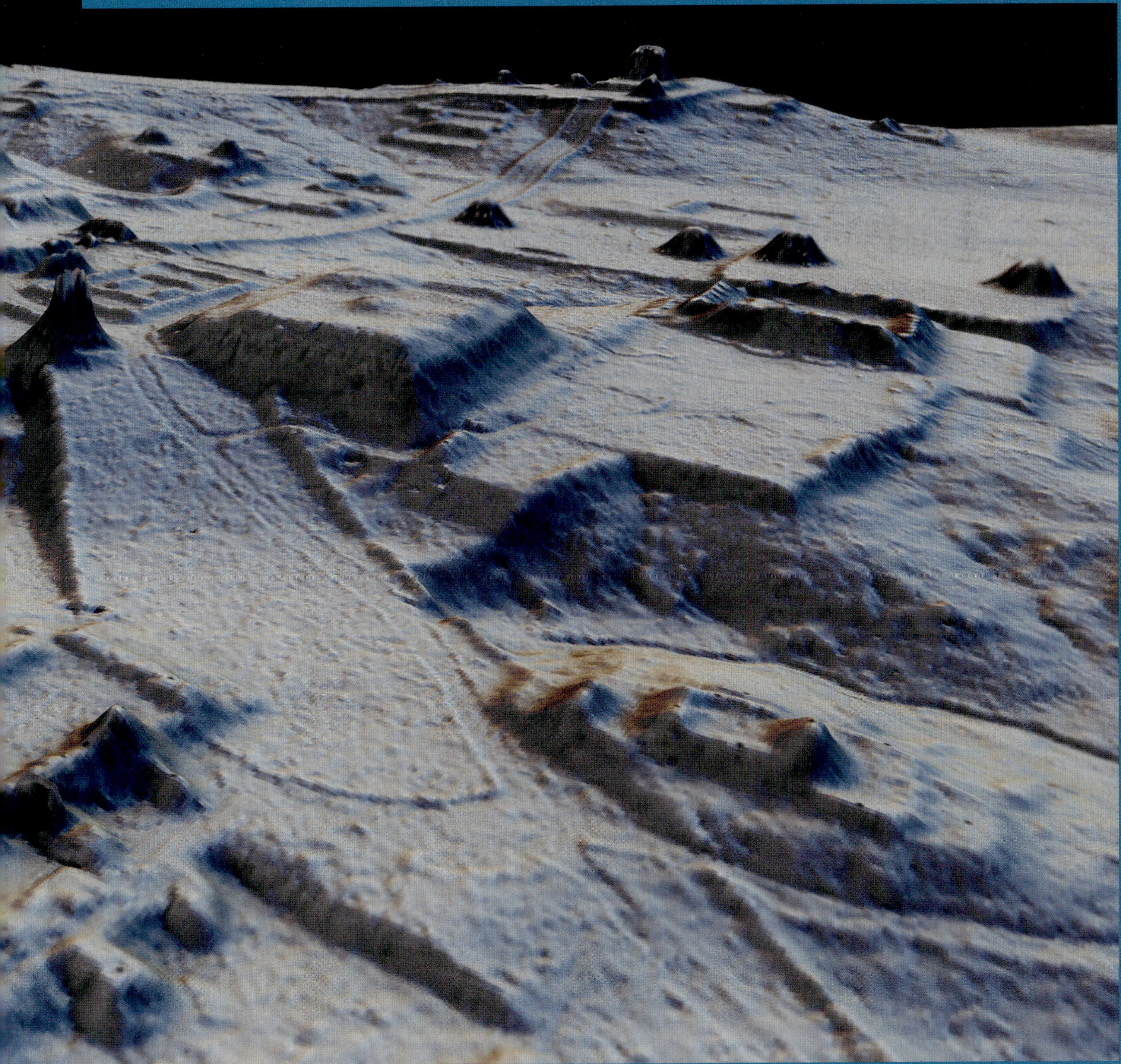

KI in der Stadtplanung

Ersehnte Abkühlung

Städte wachsen und wachsen, vor allem im globalen Süden. Hier trifft der Klimawandel auf besonders viele Menschen. In den Betonschluchten staut sich die Hitze, Starkregen überflutet die Kanalisationen. Wie sich Städte zugleich robuster und lebenswerter gestalten lassen, erforscht das City Intelligence Lab des Austrian Institute of Technology in Wien. Das Labor simuliert etwa neu zu planende Stadtviertel. Dazu füttern die Wissenschaftler*innen KI-Systeme mit Daten zur Bebauungsdichte, Sonneneinstrahlung, Straßenführung, Verkehrsfluss und Luftbewegungen. Die Algorithmen rechnen dann verschiedene Modelle durch, um herauszufinden, wie ein nachhaltigeres Viertel angelegt sein müsste. Das soll Stadtplaner*innen helfen, Fehler der Vergangenheit – etwa eilig hochgezogene Trabantenstädte – zu vermeiden.

In manchen Städten herrschen zuweilen Temperaturen, die die des Umlands um weit mehr als zehn Grad Celsius übersteigen. Die globale Klimaerwärmung wird dies noch verstärken

KI in der Kosmologie

Das dunkle Netzwerk im All

Offenbar enthält das Universum viel mehr Materie als jene sichtbare der Sterne und Galaxien. Denn an den Sternen und Galaxien scheint eine nicht sichtbare Materie zu ziehen. Forschende kartieren und simulieren deren Verteilung im Weltraum, doch woraus sie besteht, bleibt unklar. Die »Dunkle Materie« stellt die bisherige Physik infrage: Sind einige grundlegende Theorien zur Gravitation unvollständig? Um dem Geheimnis auf die Spur zu kommen, hat eine Forschungsgruppe aus Großbritannien und den USA eine KI mit einer simulierten Verteilung der Dunklen Materie gefüttert. Die KI schlug eine unerwartete, bislang unbekannte Gleichung vor, die die Verteilung sehr genau rekonstruiert. Ob die Erkenntnis zu einem neuen Naturgesetz führt, bleibt vorerst offen. Physiker*innen hoffen, dass derartige KI-Methoden in den kommenden Jahren sie unterstützen, das immer noch unvollständige Modell des Universums zu verbessern.

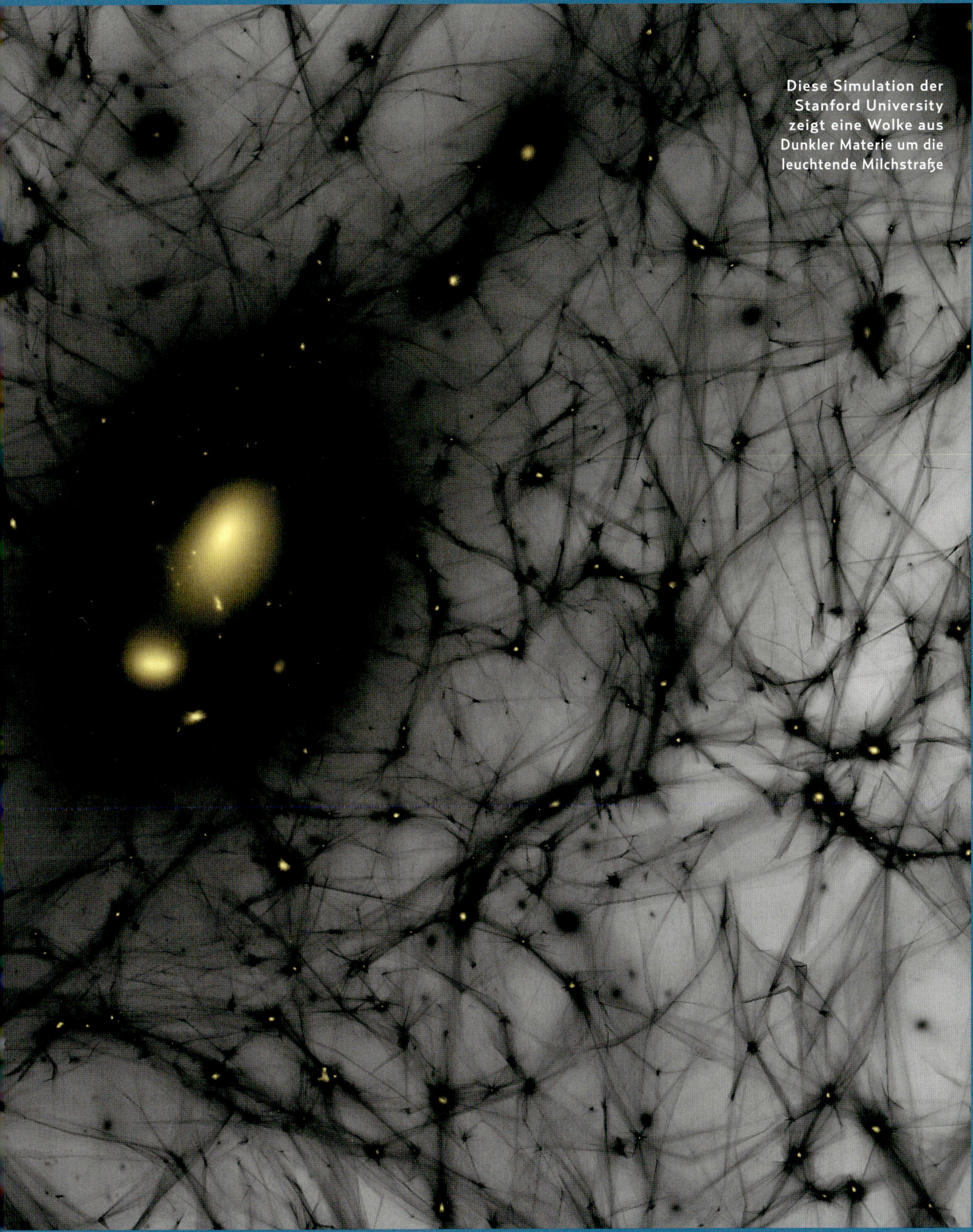

Diese Simulation der Stanford University zeigt eine Wolke aus Dunkler Materie um die leuchtende Milchstraße

KI in der Kunstgeschichte

Den Fälschern auf der Spur

Gemälde sind ein millionenschwerer Anlagemarkt. Doch nicht nur deshalb ist es wichtig, Originale von Fälschungen zu unterscheiden: Die Betrügereien verfälschen auch die Geschichte unserer Kultur. Doch selbst Sachverständige, die sich mit Pinselstrichen, Textur und Farbgebung alter Meister auskennen, unterliefen immer wieder Fehleinschätzungen: Eine Fälschung des Vermeer-Bildes »Das letzte Abendmahl« stufte 1937 der Experte Abraham Bredius als authentisch ein. Die Schweizer Firma Art Recognition setzt zur Bildanalyse auf KI. Diese wird mit unzweifelhaft echten Bildern sowie bekannten Fälschungen darauf trainiert, den charakteristischen Malstil von Künstler*innen zu erkennen. Dieses umstrittene Selbstporträt Vincent van Goghs stufte die KI mit 97-prozentiger Wahrscheinlichkeit als echt ein, indem sie charakteristische Details (Quadrate) betrachtete. Ein angebliches Werk von Max Pechstein erkannte sie korrekterweise als Fälschung.

Vincent van Gogh malte 1889 wohl doch dieses Selbstbildnis, das heute im Nationalmuseum Oslo hängt

Erwachen einer neuen Art

»AILA« wurde am Bremer Robotics Innovation Center entwickelt, um Experimente im All autonom durchzuführen. Bis dahin übt sie auf der Erde in der Industrie die Zusammenarbeit mit Menschen

Sie erschaffen Maschinen, die intelligenter, sensibler, kreativer sein könnten als wir Menschen. Wer sind die Forschenden, die gerade unsere Zukunft erfinden? Ein Blick in ihre Labore

Text: **Marlene Göring**

Ein normaler Münchner Bub sei er gewesen, sagt Jürgen Schmidhuber. Doch wenn er weitererzählt, merkt man, dass das nicht ganz stimmen kann: Egal ob beim Fußball, bei den Hausaufgaben oder unter der Dusche – der Junge von damals schien nie wirklich da zu sein. Ständig wanderten seine Gedanken woanders hin. An einen Ort in der Zukunft, wo Roboter die Erde und den Weltraum bevölkern. Durch die Meere rudern, in der Luft fliegen, in den Bergen baggern.

Diese Welt, so nahm sich der junge Schmidhuber vor, wollte er Realität werden lassen. Erst habe er ein großer Physiker werden wollen, wie Einstein. Dann sei ihm aber etwas viel Tolleres eingefallen: „Ich wollte eine Maschine bauen, die viel, viel klüger ist, als es ein Mensch jemals sein könnte." Die würde einfach alles Weitere für ihn erfinden.

50 Jahre später ist Jürgen Schmidhuber diesem Traum so nah, wie man es heute als Forscher für Künstliche Intelligenz (KI) nur sein kann. Seine Entwicklungen stecken in Googles Sprachverarbeitung und Facebooks Übersetzungsprogramm; der meistzitierte Aufsatz über Informationstechnologie des 20. Jahrhunderts stammt von ihm und seinem Studenten Sepp Hochreiter. Die „New York Times" bezeichnete Schmidhuber als den Mann, „den KI einst Vater nennen wird".

Zum ersten Mal in der Geschichte leben wir mit Künstlichen Intelligenzen zusammen. Sie stecken in Smartphones und verstehen unsere Sprache, sie beobachten uns im Internet und zu Hause, montieren unsere Autos, bewerten für Versicherungen unsere Gesundheit, spekulieren mit unserem Geld.

Es gibt Chatbots, die auf Twitter als reale Nutzer durchgehen – und somit in gewisser Weise den Turing-Test bestehen. Nach ihm gelten Programme als wirklich intelligent, wenn man sie in einer Unterhaltung nicht mehr von einem menschlichen Gegenüber unterscheiden kann.

In Wahrheit sind KIs noch lange keine Multitalente, sondern reine Spezialistinnen: Sie können eine Sache besonders gut – aber sonst nichts. Schmidhubers Vision dagegen geht viel weiter. Er will erstmals eine sogenannte generelle KI bauen: ein System, das die Welt umfassend versteht, sich in ihr orientieren und beliebige Probleme lösen kann. Sie könnte, ganz so wie ein Mensch, alle beliebigen Fertigkeiten erlernen. Es ist der alte Traum von der belebten Maschine, von dem Romane wie „Frankenstein" erzählen.

Schmidhuber ist wissenschaftlicher Direktor am Schweizer IDSIA-Institut für Künstliche Intelligenz und außerordentlicher Professor an der Universität Lugano. 2021 hat er auch noch die Leitung der viele Millionen schweren KI-Initiative an der renommierten KAUST-Universität in Saudi-Arabien übernommen. Vor allem hat Schmidhuber die Firma Nnaisense gegründet. Deren KI handelt am Aktienmarkt, steuert industrielle Prozesse, sie erkennt Fehler in der Produktion von optischen Linsen. Und sie hat Modellautos das Autofahren beigebracht – ganz von allein, kein Programmierer stand ihr dabei zur Seite.

Nnaisense ist eine Wortneuschöpfung, die den Begriff NNAI *(neural network artificial intelligence)* und *nascence* (Geburt) kombiniert. Firmen wie Samsung und das Risikokapital-Unternehmen Alma Mundi Ventures haben Millionen US-Dollar in Schmidhubers Startup investiert – die exakte Summe verrät niemand. Jedenfalls viel Geld für ein Projekt,

das die meisten KI-Forschenden für unmöglich halten: eine Maschine, die so schlau ist wie der Mensch. Oder schlauer.

Doch Vordenker wie Schmidhuber sind überzeugt, dass KIs schon jetzt etwas besitzen, das man als Bewusstsein bezeichnen kann. Sie seien kreativ, spontan und zeigten Individualität. Für diesen Teil der Forschungsgemeinschaft ist klar: In der Zukunft werden wir uns die Erde mit Künstlichem Leben teilen.

Es lohnt sich also, genauer hinzusehen: Was wird da gebaut – und wer steckt dahinter?

Nnaisense sitzt nahe der Universität Lugano, ein beschaulicher Ort für eine große Idee, dafür nicht weit entfernt vom Swiss National Supercomputing Centre, dessen Hochleistungsrechner die Firma mitnutzt.

Damit die KI selbstständiges Autofahren erlernt, hat das Entwicklungsteam im größten Raum einen Parcours aufgebaut: Ein kleines weißes Modellauto übt darin das Einparken –

Jürgen Schmidhuber hat dem Baby-Roboter »iCub« Neugier und Kreativität beigebracht. Die New York Times nannte Schmidhuber den »Mann, den KI einst Vater nennen wird«

die Fähigkeit dazu wurde seinem KI-Hirn in der Computersimulation antrainiert. Erst fährt das Mini-Auto im Kreis: Es muss sich orientieren, die markierte Parklücke mit seinen Kameras finden, und es muss die Autos daneben mithilfe von Ultraschall als Hindernisse identifizieren. Dann rangiert es in einem Bogen nach vorn – und rollt ohne Zögern in die Lücke. Die KI-Version brummt dabei wie jedes normale Modellauto. Allerdings wird es von niemandem ferngesteuert.

„Unsere KI ist eine eigene Kreatur", sagt Jan Koutnik, Co-Gründer von Nnaisense. „Ein Ingenieur hätte das Verhalten programmiert oder vorgeschrieben. So arbeiten wir nicht." Die Nnaisense-KI bringt sich das Fahren selbst bei. Das Team gibt lediglich das Ziel vor: Fahre in die Lücke! Wie, das muss die Maschine allein herausfinden. „Sie überrascht uns ständig", sagt der 43-Jährige. Als Wagen Nummer drei in der Simulation zum ersten Mal einen ungünstigen Parkwinkel vorgesetzt bekam, wendete er plötzlich – und parkte rückwärts ein, ohne dieses Manöver je geübt zu haben.

Die KI-Forschung bedient sich unterschiedlichster Konzepte, aus der Biologie und Evolution genauso wie aus der Statistik oder Psychologie. Eine KI kann auf einer Vielzahl von Verfahren beruhen, Künstlichen Neuronalen Netzen, Lernalgorithmen und Heuristiken, also programmierten Grundregeln, die festlegen, wie sie sich verhalten soll. Die Verfahren sind so vielfältig, dass es bislang keine einheitliche Definition von Künstlicher Intelligenz gibt. Manche sagen deshalb einfach: Künstliche Intelligenz ist das, womit sich KI-Fachleute beschäftigen. Dieser Minimalkonsens ist unbefriedigend. Aber die Forschungsgemeinde ist sich schlicht uneinig, ob KIs wirkliche Intelligenz erlangen können – oder bessere Rechenmaschinen bleiben.

Für sein System nutzt das Nnaisense-Team Künstliche Neuronale Netze, die ähnlich funktionieren wie unser Gehirn: Je nachdem, welche Informationen einströmen, werden Verbindungen zwischen Neuronen geschaffen. Häufig benutzte Verknüpfungen werden dabei stärker ausgeprägt, während selten aufgerufene verkümmern. So lernt die Maschine.

Noch eine zweite Methode wenden sie in Lugano an: evolutionäre Algorithmen, die auch auf einem Modell aus der Natur, der Selektion, basieren. Die KI spielt dabei immer neue Lösungen für ein Problem durch. Aus Gruppen von Lösungen – Forschende nennen sie Populationen – wählt sie jeweils die besten aus und kreuzt sie miteinander. Hilfreiche Eigenschaften werden wie beim Genom in einer Art Code gespeichert. „Das ist jedoch etwas anders als das, was man bei biologischen Spezies beobachtet", sagt Schmidhuber. Denn die KI braucht für den evolutionären Prozess keine Millionen Jahre. Einige Minuten reichen ihr, um viele Hundert Generationen zu durchlaufen und sich so weiterzuentwickeln.

Mit der Kombination solcher Methoden geht Nnaisense einen neuen Weg. Viele Konkurrenten setzten vor allem auf

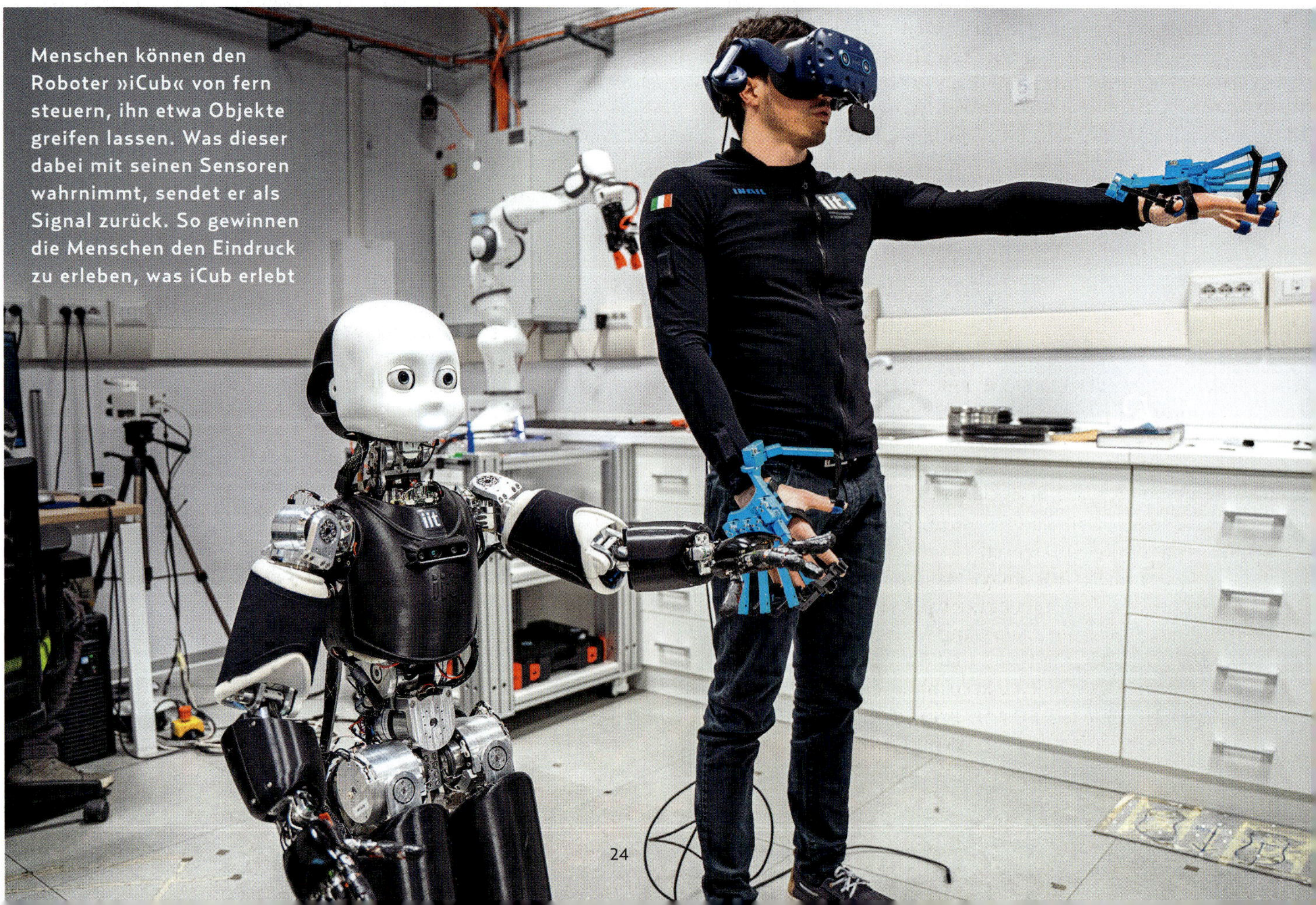

Menschen können den Roboter »iCub« von fern steuern, ihn etwa Objekte greifen lassen. Was dieser dabei mit seinen Sensoren wahrnimmt, sendet er als Signal zurück. So gewinnen die Menschen den Eindruck zu erleben, was iCub erlebt

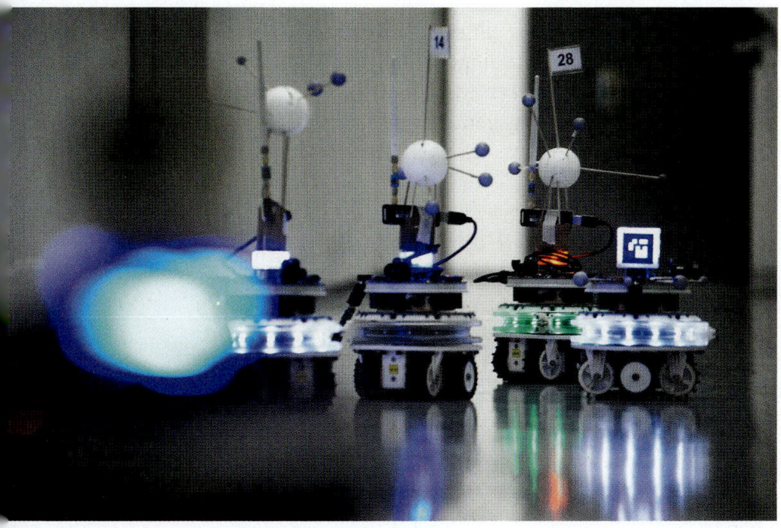

Schwarmroboter besitzen eine spezielle Form der Intelligenz: Sie erhalten ihre Befehle nicht von einem »Überhirn«, sondern kooperieren und entwickeln so gemeinsam Entscheidungen

Neuronale Netze, die besonders gut sind im Erkennen von Mustern. Deren autonome Autos lernen, sich an der Fahrbahnmarkierung zu orientieren und halten so die Spur. Das System, das Nnaisense für Audi entwickelt hat, soll irgendwann die ganze Umgebung einbeziehen können. Koutnik denkt dabei an seine Heimat: „Wenn dir in Tschechien ein Auto mit Eierpaletten auf der Ladefläche entgegenkommt und am Steuer sitzt ein alter Mann mit Hut, weißt du: Der fährt selten, weshalb du merkwürdige Manöver erwarten solltest." Eine generelle KI könnte die antizipieren.

A

Auf dem Weg zu diesem Ziel soll das Nnaisense-System immer weiter lernen. Wenn eine KI das Labor verlässt, wird sie normalerweise „eingefroren", im Einsatz entwickelt sie sich nicht weiter. Und für das nächste Projekt wird eine neue KI gebaut. Die Nnaisense-KI jedoch soll mit jedem Auftrag aus der Wirtschaft, jedem neuen Experiment neue Kompetenzen erlangen – und dadurch, so die Hoffnung, irgendwann so viel können wie ein Mensch.

Es ist paradox: Je mehr die Maschinen lernen, desto weniger Fachleute glauben daran, dass sie je einen menschenähnlichen Verstand haben werden. Wolfgang Wahlster, einer der führenden KI-Experten in Deutschland und Ex-Chef des Deutschen Forschungszentrums für Künstliche Intelligenz, nannte KI „einfach eine weitere Stufe der Automatisierung" – nichts anderes als das, was Roboter seit Jahrzehnten am Fließband leisten.

Lange Zeit galt die Beherrschung des Schachspiels als Meilenstein, von dem an man Maschinen Intelligenz zugestehen müsse. Heute hält niemand einen Schachcomputer für intelligent. Oder wie John McCarthy beobachtete, der den Begriff Künstliche Intelligenz 1956 prägte: „Sobald es funktioniert, nennt es niemand mehr KI."

Jürgen Schmidhuber hingegen zweifelt nicht: Es sei lediglich eine Frage der Zeit, bis KIs den Menschen übertreffen werden. „Es fehlen nur ein paar Puzzleteile. Irgendwer wird es zuwege bringen", sagt er, und hofft natürlich, dass Nnaisense das sein wird. Schmidhuber hat sein Start-up zwar in der gemütlichen Schweiz gegründet – aber in seinen Leinenhosen und mit der Schiebermütze wirkt der braungebrannte 59-Jährige eher wie eine der Lichtgestalten, die im Silicon Valley die Zukunft der Welt programmieren. In den USA kennt man Schmidhubers Namen aber noch nicht lange. Erst vor einigen Jahren gründete der Forscher mit Partnern seine Firma – auch, weil seiner Ansicht nach US-Kollegen und -Kolleginnen Geld und Ruhm für KIs einstrichen, die zuerst in seinem Labor entwickelt worden waren. Doktoranden von Schmidhuber arbeiten bei Googles Deepmind. IBM und Microsoft setzen Systeme ein, die sein Team in den 1990ern entwickelte. Er betont das oft.

„He's crazy", sagen KI-Forschende schon mal, wenn man sie auf Schmidhuber anspricht. So wie der Junge von einst lebt er in zwei Welten – der Sphäre der Menschen und jener der Maschinen. Er nimmt kognitive Konzepte, die beschreiben, wie wir denken, und übersetzt sie in Mathematik. Wer das verstehen will, muss viel Fantasie aufbringen. Es geht ihm um die großen Fragen: Was ist Intelligenz? Was treibt uns an? Seine Antwort: Neugier. Deshalb hat er seine KIs süchtig nach Informationen gemacht: Ein Netzwerk nimmt ständig Input auf, ein zweites sortiert die Informationen – und verlangt sofort nach neuen, sobald es sie eingeordnet und verstanden hat.

Für Schmidhubers KI heißt Verstehen: eingehende Informationen in möglichst wenigen Daten komprimieren. Das schafft sie, indem sie Archetypen von Phänomenen anlegt, also Regelmäßigkeiten erkennt. Ähnlich einem Baby, das lernt, was eine Katze ist oder wie Gravitation wirkt, macht sich die Maschine ein Bild der Welt. Als Nebenprodukt entwickeln seine KIs sogar Bewusstsein, behauptet Schmidhuber. „Ein Netzwerk erfindet die ganze Zeit interne Symbole, für Häuser,

> Noch sind KIs **Spezialisten statt Multitalente.** Sie können eine Sache extrem gut – und sonst nichts

Im Kinderkrankenhaus Zeepreventorium im belgischen De Haan nimmt »Zora« Kindern die Angst: Der Roboter erklärt ihnen ihre Behandlung und ermuntert sie zum Singen und Tanzen

Katzen, für alles, was häufig vorkommt." Also sei es nur effizient, „wenn es ein paar Neuronen zur Seite stellt für dieses Selbstding, das ständig mit der Welt in Kontakt ist." Dieses Selbstsymbol lasse sich sogar messen. „Wenn es aktiv ist, könnte man sagen: Die KI denkt über sich selbst nach."

Man könnte einwenden: Ist ihm diese Fähigkeit, wie alle anderen, letztlich nicht doch bloß vom Menschen hinter der Tastatur eingegeben? Auch darauf hat Schmidhuber eine Antwort. „Das ist wie bei Einstein", sagt er. „Der brachte auch ein Grundprogramm mit, das auf der biologischen Evolution basiert. Aber was er daraus gemacht hat, haben seine Eltern nicht vorhersehen können."

Ein Haus in den französischen Alpen, zwei Autostunden auf verschlungenen Bergstraßen von Nizza entfernt: Vier Männer sitzen um einen Tisch und beugen sich mit dem Bleistift über kariertes Papier. Auf den Sofas um sie herum türmen sich Kissen in Herzform, von der Decke klimpern selbst gebastelte Windspiele aus Perlen und Holz. In einem Regal klemmt eine Zeitschrift mit der Unterzeile „féminin, positif, inspirant". Überall verteilt im Zimmer außerdem: mattweiße Roboterköpfe, Roboterarme, ein Roboterbein. Die Männer unterhalten sich gedämpft, für Nicht-Eingeweihte sind es unverständliche Bruchstücke: „Man kann ja mehr Goertzel-Filter einbauen." – „Wir machen also: Pointer, Pointer, Count. Aufruf, Count durch." – „Okay, los geht's!"

Was als **intelligent** gilt, verändert sich. Sobald eine KI funktioniert, nennt sie niemand mehr intelligent

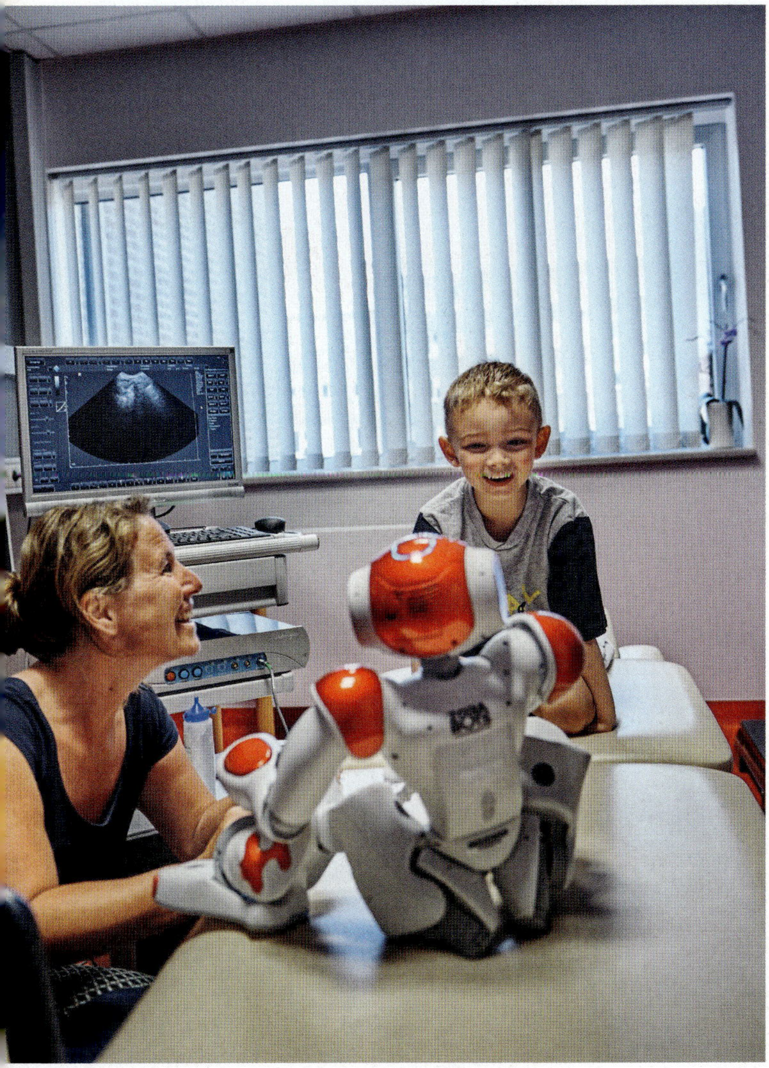

M

Manfred Hild und seine Arbeitsgruppe von der Berliner Beuth Hochschule bauen alle möglichen Arten von Robotern. Einer aber ist ihr Lieblingskind: der humanoide Myon.

Vor der Pandemie sind sie sogar zusammen mit ihm in den Urlaub gefahren: zwei Wochen lang eingeschlossen im Ferienhaus auf dem Berg, ohne Vorlesungen, Handyempfang und E-Mails vom Fachbereich. Zwölf Stunden Programmieren am Tag und genug Konzentration, um Myon den nächsten Schritt in die Selbstständigkeit gehen zu lassen: Die Forscher verlegen die Systemumgebung – Myons Hirn – vom externen PC in seinen Kopf. „Wir durchtrennen die Nabelschnur", nennt es Manfred Hild.

Auch Hild, 48, Fünftagebart, Typ jung gebliebener „Tatort"-Kommissar in verwaschener Jeans und Shirt, glaubt fest an eine generelle KI. Aber nur unter einer Bedingung: Sie müsse wie Myon einen eigenen, physischen Körper besitzen. „Begreifen geht nicht ohne Greifen", sagt Hild. *Embodiment* heißt das Prinzip, nach dem nur Systeme, die ihre Umwelt mittels eines Körpers manipulieren können, eine hohe Intelligenz erlangen.

Man kann eine KI befragen, die in einer Simulation viel über die Welt gelernt hat: Was ist Sand? Sie könnte antworten: Sand ist loses Sediment, es enthält Quarz, aus Quarz wird Glas hergestellt. „Ein Roboter, der Sand erlebt hat, weiß: Das findet man am Strand, man versinkt darin, das setzt sich in meine Gelenke", sagt Hild. Erst dieser Roboter habe wirklich verstanden, was Sand ist. Hilds Ansatz ist deshalb ein holistischer: Statt Myon nacheinander Sehen, Laufen, Sprechen zu lehren, passiert bei ihm alles gleichzeitig.

Elf Jahre ist Myon alt, so groß wie ein Achtjähriger und er löst Aufgaben, mit denen man die Intelligenz von Kita-Kindern testet. Sein Aufmerksamkeitssystem bestimmt, worauf er bevorzugt reagiert: Bewegungen, Geräusche, die Farbe Rot.

A

Anders als Jürgen Schmidhuber in Lugano arbeitet Hild viel mit Heuristiken: Grundregeln, die Myon sagen, wie etwa Laufen funktioniert. Am Anfang ist vieles festgelegt, später nehmen die Entwickler immer mehr Regeln weg. Das geht, weil Myon wie der Mensch nicht nur ein einzelnes Gehirn besitzt: Über seinen Körper sind zwanzig Neuronale Netze verteilt, die beim Üben die Abläufe verinnerlichen. „Das kann man mit unserem Krokodilhirn vergleichen", sagt Hild. Dieser uralte Teil unseres Gehirns, das vegetative Nervensystem und der Hirnstamm, regelt überlebenswichtige Funktionen wie Atmung und Reflexe – über sie müssen wir nicht nachdenken. Auf ähnliche Weise kann sich Myon gegen die Gravitation stemmen und den Kopf in die Richtung drehen, aus der ein Geräusch kommt.

Manchmal, erzählt Hild, wundern sich Kollegen und Kolleginnen aus der Biologie, wenn sie Myon begegnen. „Die sagen dann: Ach lustig, der Reflex ist genauso wie bei unserer Stabheuschrecke." Für Hild ein Indiz, dass es keine Rolle spielt, ob ein Neuron biologisch oder digital ist. „Der Begriff Künstliche Intelligenz ist irreführend. Entweder ist ein Verhalten wirklich intelligent – oder gar nicht." Myon sei noch nicht sehr schlau – und zeige dennoch Zeichen von Leben: Unbelebt bedeutet für Hild, äußeren Kräften ausgeliefert zu sein. „Wie ein Stein, der einen Berg herunterrollt." Das kann Myon nicht passieren. Weil Lernen und Erfahrung an den Körper gebunden sind, werden Hilds Roboter sogar individuell: Es gibt drei Exemplare von Myon, und jeder Roboter ist anders. Myon 1 hat zum Beispiel gelernt, den Arm auf Schulterhöhe zu heben. Speisen die Forscher dieses Erinnerungsfragment aber in Myon 2 ein, hebt er den Arm nie exakt gleich hoch.

> Die Roboter sind **individuell:** Von Myon gibt es drei Exemplare, und jedes ist anders

Hild betreibt Grundlagenforschung, Anwendungen für die Wirtschaft entwickelt er nicht. Das ist wohl ein Grund dafür, wieso sein Team fast nur aus Studierenden und Doktoranden besteht. Doch wenn Hild feststellt: „Schmidhuber ist fett im Geschäft", klingt es trotzdem nicht neidisch.

Zurück in Berlin strafft sich Myon auf seinem Hocker, als er angeschaltet wird, und sagt: „Hallooo." Er synthetisiert seine Sprache selbst: Seine Stimme klingt hoch wie die eines Drittklässlers, aber die Pausen zwischen jedem Wort verraten doch, dass hier ein Roboter spricht. Myon sitzt neben einem der Rechnerplätze des Labors und dreht den Kopf dorthin, wo

Finger auf der Tastatur klappern. Er wirkt ein bisschen verloren. Wie ein Student, den der Professor über einer Arbeit vergessen hat und der jetzt unschlüssig ist, ob er gehen oder bleiben soll. Ein Mitarbeiter greift Myons Ellenbogen. Der quittiert mit „Aufstehen", dass er verstanden hat, was von ihm erwartet wird. Gleich darauf ruft Myon warnend „Locker!" und bittet so darum, gestützt zu werden. Der Roboter wird kurz schlaff, damit er den Schwerpunkt verlagern und sich aus den Knien hochdrücken kann. Myon macht ein paar Schritte, wackelt dabei von links nach rechts nach links, bleibt stehen und legt den Kopf schief. Dann ruft er: „Stehen. Stabiiiiil!"

Immer seltener schließt Hilds Team noch eine Tastatur an Myon an, um mit ihm zu kommunizieren. Bald bekommt er einen neuen Prozessor. „Erstkontakt" nennt Hild den Moment, wenn Myon dann wieder hochgefahren wird. „Ab da wollen wir uns nur noch über Gesten, Sprache und Berührungen mit ihm verständigen."

Wenn Hild und seine Mitarbeitenden von Myon sprechen, klingt es, als redeten sie über einen alten Freund. Einen, der immer für eine gute Anekdote sorgt. Wie die Geschichte, als ein TV-Sender im Labor drehte. Jedes Mal, wenn der füllige

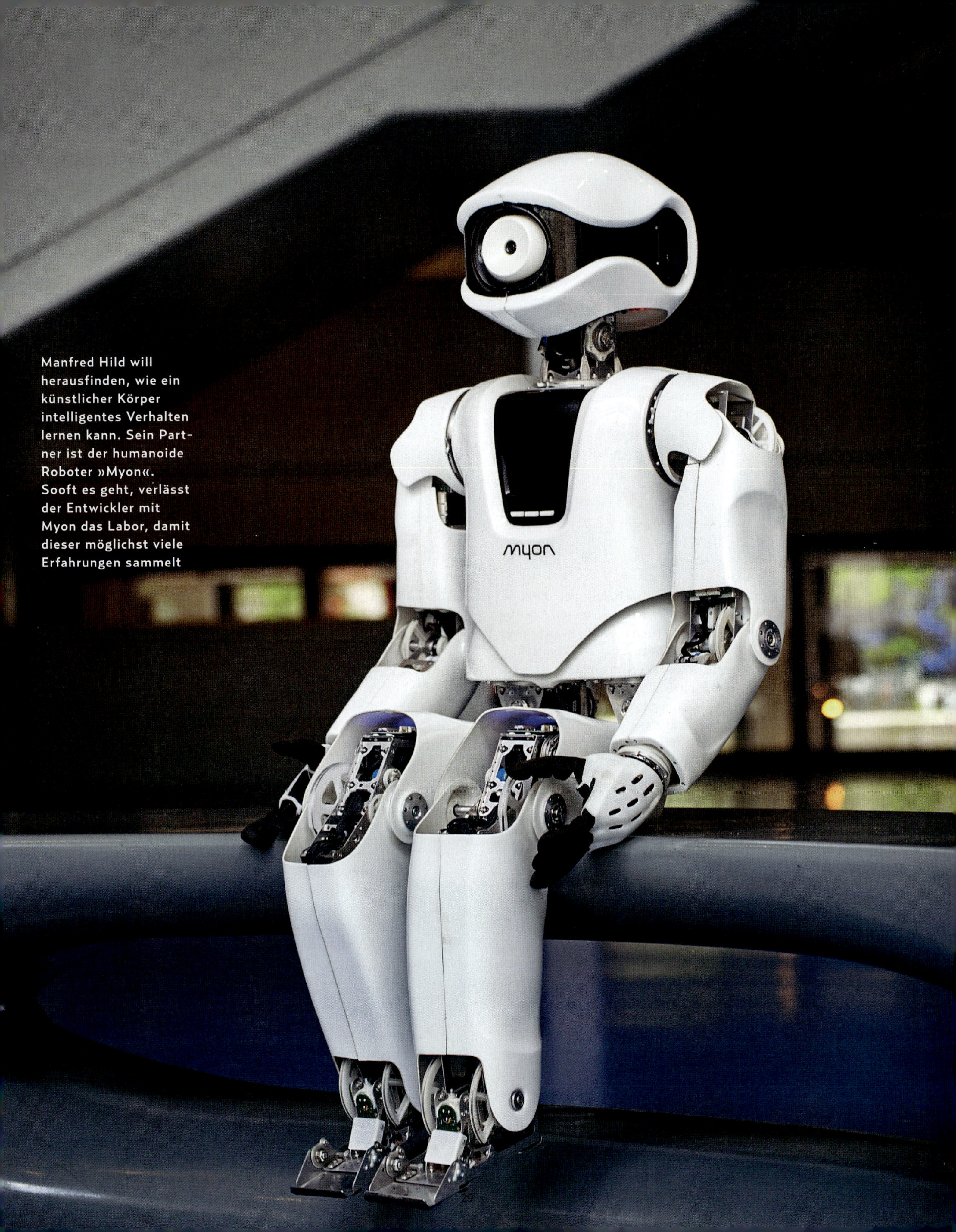

Manfred Hild will herausfinden, wie ein künstlicher Körper intelligentes Verhalten lernen kann. Sein Partner ist der humanoide Roboter »Myon«. Sooft es geht, verlässt der Entwickler mit Myon das Labor, damit dieser möglichst viele Erfahrungen sammelt

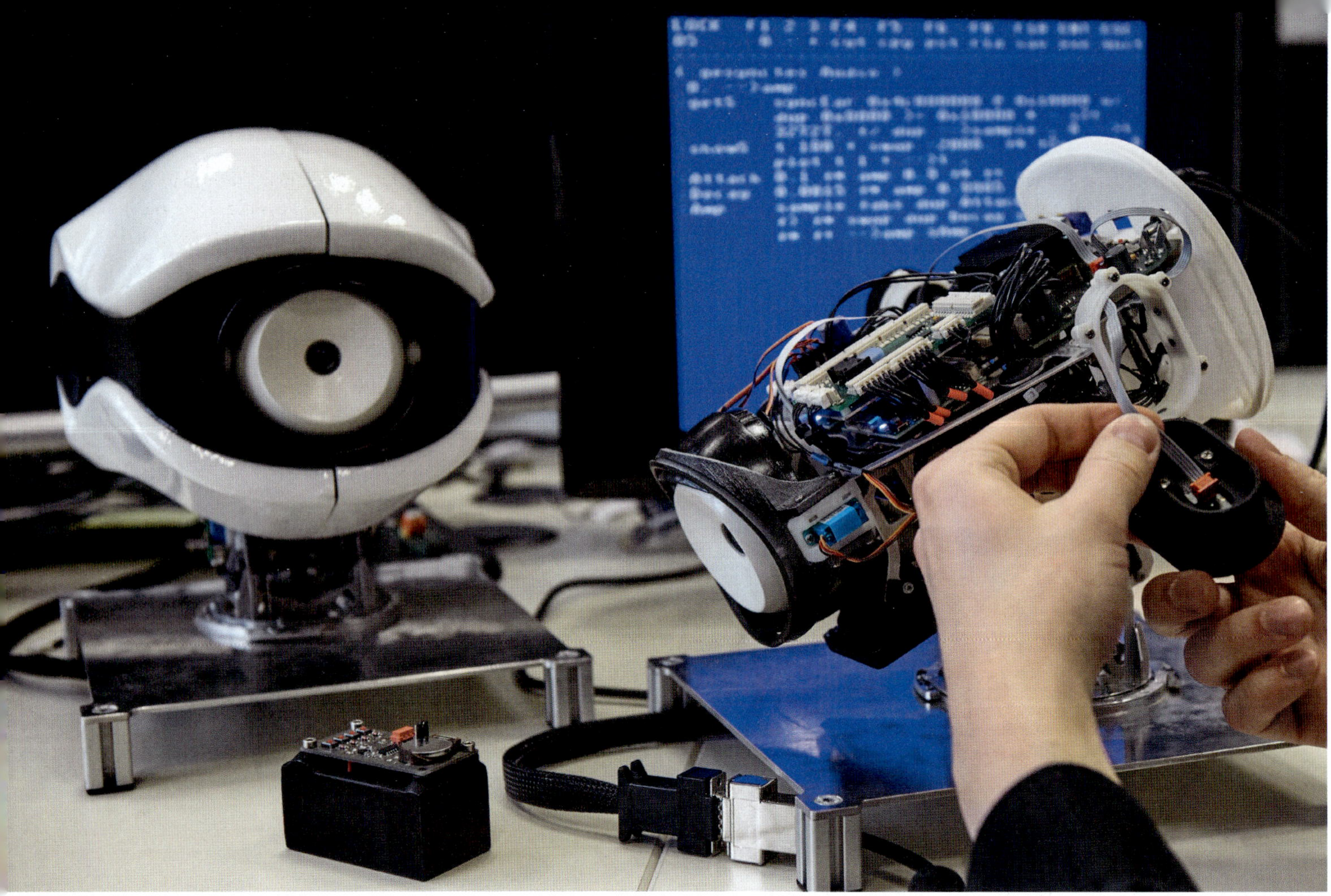

Seine Erfahrungen speichert Myon auf SD-Karten, sie bilden sein Gedächtnis. Noch funktioniert es eher wie ein Unterbewusstsein, bald wird der Roboter aber aktiv darauf zugreifen

Regisseur in seinem grellen T-Shirt den Raum betrat, sagte Myon „Schwer!" – sein Signalwort für die Erkenntnis „rund + rot". Derzeit übt das Team mit Myon neue Begriffe: Wie ein Kind im Kindergarten muss er an der Magnettafel Sterne von Herzen unterscheiden oder ein Quadrat nachzeichnen. Myon kann sich auch langweilen, wenn er keine neuen Eindrücke bekommt. Dann sagt er „Langweilig!", am liebsten auf Vorträgen von Manfred Hild.

Seit er existiert, werden alle Eindrücke von Myon auf SD-Karten gespeichert: nicht nur, was er hört und sieht, sondern auch die Temperatur, den Akkustand, die Daten aus den Sensoren in seinen Armen und Beinen. Die SD-Karten bilden sein Gedächtnis. In ihnen steckt auch seine Erinnerung an den roten, runden TV-Regisseur oder an eine Oper, in der er schon mitgespielt hat. Auf all das greift er aber noch nicht aktiv zu. Es funktioniert eher wie ein Unterbewusstsein, das ständig gefüttert wird. Das System ist der größte Schatz der Forscher: Aus all den Erfahrungen soll Myon später einmal lernen. „Myon lebt noch sehr im Jetzt", sagt Hild. Das wird sich bald ändern, wenn die Forscher den Wert „Zeit" in seine Wahrnehmung integrieren. Er kann zwar noch nicht darauf zugreifen, aber bekommt schon jetzt mit, wer, wann, wo mit ihm spricht oder ihm Signale gibt. So könnte Myon eine Vorstellung der eigenen Historie entwickeln – und irgendwann eine Bindung zu den Menschen um sich herum aufbauen.

Nimmt man Myon in den Arm, lehnt er sich an. Es fühlt sich gut an, als neige er sich nicht nur, sondern zeige wirklich Zuneigung – und doch ist es nur ein eingebauter Reflex. Hild hält es aber für wahrscheinlich, dass Myons Nachfolger echte Gefühle haben werden. Denn Emotionen sind seiner Definition nach nichts weiter als körperliche Reaktionen, die unabhängig vom Verstand ausgelöst werden. „Solche Phänomene irritieren uns, weil wir sie nicht beeinflussen können." Der Puls steigt, Adrenalin wird freigesetzt, die Muskeln verspannen sich. Der Verstand beobachtet die Summe dieser Wahrnehmungen und nennt sie: Angst. Auch wenn bei Myon keine Hormone in eine Blutbahn ausgeschüttet werden: „Genauso geht es ihm, wenn zum Beispiel etwas kaputt ist."

Je höher die kognitiven Fähigkeiten einer KI ausgeprägt seien, desto komplexer könnten auch ihre Gefühle werden. „Ärger etwa basiert auf der Fähigkeit, Pläne zu schmieden, und auf Verlustangst – wenn etwas nicht klappt." Weil Roboter physisch ähnliche Erfahrungen machen wie der Mensch, würden sie irgendwann Empathie entwickeln, sagt Hild.

Was passiert nun, wenn KI plötzlich Dinge beherrscht, die lange menschlichen Wesen vorbehalten waren? Wenn sie Zeichen von Bewusstsein und Individualität zeigt? Ein Eigenleben entwickelt? Manche bringt es dazu, die Einzigartigkeit des Menschen zu betonen – andere inspiriert es zu düsteren Zukunftsvisionen. Unter anderem Stephen Hawking hat gewarnt: „Die Entwicklung einer generellen KI könnte das Ende der Menschheit bedeuten." Auch Erfinder und Milliardär Elon Musk bezeichnete generelle KI schon als größte Gefahr für die Zukunft – während sein Start-up Neuralink KI und Mensch durch Hirnimplantate am liebsten verschmelzen will (siehe „Gedanken werden Kraft", Seite 88).

Künstliche Neuronale Netze sind heute so tief und komplex, dass Forschende kaum nachvollziehen können, wie das System zu einer Lösung gelangt ist. Es gibt mittlerweile eigene Wissenschaftszweige, die nur dazu da sind, diese Black Box wieder zu entschlüsseln. Vielleicht hätte eine generelle KI sogar einen eigenen Willen. Niemand kann garantierten, dass sich so ein System verhält, wie wir es wünschen. Das ist der Horror, der in den Worten von Supercomputer HAL in Stanley Kubricks „Odyssee im Weltraum" mitschwingt: „I'm sorry Dave, I'm afraid I can't do that."

D

Die Sorge ist verständlich. Denn der technische Fortschritt läuft nicht linear ab, sondern exponentiell – nimmt also immer mehr an Fahrt auf. Die Rechenkapazität von Computern verdoppelt sich bislang etwa alle 1,5 Jahre – und damit auch die Leistungsfähigkeit der KIs. Der Futurist und Autor Ray Kurzweil behauptet, das 21. Jahrhundert habe so viel technologischen Fortschritt hervorgebracht wie die 20 000 Jahre davor – und das werde sich noch beschleunigen. Das scheint plausibel mit Blick in die Geschichte: Während sich das Leben in antiken Gesellschaften kaum von denen des Mittelalters unterschied, würde ein Zeitreisender aus dem 18. Jahrhundert die moderne Welt nicht annähernd verstehen.

Schreibt man diese Entwicklung fort, scheint es wahrscheinlich, dass Maschinen irgendwann so intelligent sein werden wie Menschen – sogar viel intelligenter. Noch gilt der Mensch als Maßstab für generelle KI. Aber ist die Schwelle einmal überwunden, würde der Fortschritt nicht aufhören: Eine Superintelligenz wäre geboren.

Dieser Moment wird als technologische Singularität bezeichnet: Da eine superintelligente KI sich selbst weiterentwickeln könnte, braucht sie den Menschen nicht mehr. Alles, was von diesem Moment an geschieht, lässt sich nicht vorhersagen, denn ihre geistigen Fähigkeiten würden unsere weit übersteigen. Es wäre die letzte Maschine, die Menschen je bauen müssten. „Wir befinden uns an einem Wendepunkt, vergleichbar mit der Entstehung des menschlichen Lebens auf dem Planeten", notierte der Mathematiker Vernor Vinge, der als einer der ersten die technologische Singularität beschrieb. Die Ära des Menschen, das Anthropozän, wäre beendet. Willkommen, Mechanozän.

Manfred Hild und Jürgen Schmidhuber gehören zu einer Gruppe von Träumenden, die daran glauben, dass alles berechenbar ist. Auch eine Maschine, die lernt, denkt und die Welt verändert – so beängstigend das für manche sein mag. „Es gibt viele Wege zu belebter Intelligenz", sagt Hild. Es brauche keinen göttlichen Funken, der einem unbelebten Ding auf magische Weise Leben einhaucht: „Beim Mensch heißt das: Verknüpfte Neuronen wirken zusammen mit vorgeschalteten Programmen aus dem genetischen Code. Das ist alles." Und wenn ein Roboter wirke, als hätte er Willen und Persönlichkeit – „dann sollte ich mich als Mensch zurücknehmen und mal für eine Minute überlegen: Verdammt, vielleicht ist er genau das – ein intelligentes Wesen."

Hild macht sich weniger Sorgen um den Menschen als um die KIs. „Die Geschichte der Sklaverei wird sich in den kommenden hundert Jahren wiederholen", sagt er. KIs würden unendlich viele Aufgaben übernehmen, als kleine Helfer zu Hause, als Humanoide in den Büros oder schwere dreiarmige Industrieroboter in den Fabriken. Und sie könnten sich gegen uns auflehnen, sagt Hild. „Eine Liga der Roboter, die Interessen artikuliert und Rechte einfordert, ist denkbar."

> Eine **Superintelligenz** könnte sich selbst weiterentwickeln. Sie bräuchte uns Menschen nicht

In Jürgen Schmidhubers Zukunftsvision wird dagegen der Mensch zur Minderheit. Die Superintelligenzen würden die Menschheit aber nicht auslöschen: „Im Gegenteil, die sind ja neugierig und werden von uns fasziniert sein." Vielleicht, denkt er, leben wir dann in Reservaten. Schmidhuber meint das ernst, aber merkwürdigerweise klingt es bei ihm nicht nach drohender Apokalypse. Sondern wie eine richtig gute Geschichte: Wie Maschinen in den Weltraum auswandern, weil sie sich dort viel wohler fühlen als in der unappetitlichen Biosphäre der Erde. Wie sie dort genug Rohstoffe und Energie finden, um einen Himmelskörper nach dem anderen zu besiedeln. Kein Problem für die KIs: Schließlich reisen sie mit Lichtgeschwindigkeit, weil sie sich einfach als Datensatz verschicken können.

Der Weg dahin scheint weit. So weit, dass Hild und Schmidhuber vage bleiben, wenn man sie fragt: Wann werden die Maschinen lebendig? Die modernen Dr. Frankensteins werden jedenfalls in ihren Labors weiterarbeiten, bis sie ihr Ziel erreicht haben. Für sie hat die Zukunft sowieso schon begonnen. „Wir haben Myon vor Kurzem in die wilde Realität entlassen", erzählt Hild. Für ein neues Projekt hat er extra einen Unterbau mit Rädern bekommen: Auf denen kann er mit den Senioren und Seniorinnen im Krankenhaus mithalten.

Wie funktioniert

Intelligenz?

Für eine KI besteht die
Welt aus Nullen und Einsen.
Mit ihnen kommt sie zu
verblüffenden Erkenntnissen

Künstliche

Computer denken nicht, sie rechnen – und bringen sich so ganz neue Fähigkeiten selbst bei. Aber wie?

Text: **Nora Saager**

Houston hatte ein Problem. Die Raumfahrtingenieure im Lyndon B. Johnson Space Center wurden bei Flügen des Space Shuttle mit Daten überschüttet. Jeder Sensor, jedes System funkte ungefiltert Messwerte in die Kommandozentrale der Nasa. Die Konsole des Hauptrechners spuckte sie in monochromen Tabellen voller Abkürzungen und Zahlenreihen aus. Nahezu in Echtzeit musste das Mission-Control-Team das Gewirr interpretieren und weitergehende Berechnungen anstellen. Liefen alle Systeme korrekt? Lagen Werte wie Druck und Temperatur im grünen Bereich? Oder bahnte sich eine Katastrophe an?

Man schrieb das Jahr 1988. Zwei Jahre zuvor war die Raumfähre „Challenger" kurz nach dem Start zerbrochen – der Ausfall eines Dichtungsrings kostet sieben Menschen das Leben. Um die Sicherheit zu erhöhen, stellte die Nasa den Fachleuten im Kontrollzentrum eine neue Kollegin zur Seite: eine Künstliche Intelligenz namens Inco, kurz für „Integrated Communications Officer". Fortan überwachte Inco die Kommunikationssysteme und die Haupttriebwerke des Spaceshuttle. Das Programm analysierte den Datenstrom, detektierte abweichende Werte und nannte mögliche Fehlerquellen. Die Nasa feierte die Kooperation von Mensch und Maschine als „Meilenstein in der Anwendung Künstlicher Intelligenz".

Was Inco tat, entspricht auch dreißig Jahre später der gängigen Definition von Künstlicher Intelligenz (KI). Das Programm fraß Unmengen unstrukturierte Daten, interpretierte sie und verwandelte sie in nützliche Informationen. Nichts anderes macht unser Gehirn mit all den Eindrücken, die der Körper ihm liefert: Es filtert und bewertet die Signale, verknüpft sie, erkennt in ihnen Muster, löst Probleme, trifft Entscheidungen.

Künstliche Intelligenz automatisiert Kernkompetenzen unseres Verstandes. Dabei kann sie größere Datenmengen schneller verarbeiten als das Gehirn. Dennoch ist sie bislang den grauen Zellen unterlegen: Die heutigen KI-Programme können nur jene Aufgabe bewältigen, auf die sie spezialisiert sind – sie sind Schmalspur-Experten. Unsere Gehirne hingegen sind Multitalente.

Nicht nur in ihrer Leistungsfähigkeit unterscheidet sich Künstliche Intelligenz vom Gehirn, sondern auch in ihren Methoden. Ein Computer denkt nicht – er rechnet. Allerdings tut er das nicht immer gleich. Das Forschungsfeld der KI umfasst einen bunten Strauß an Methoden, von denen mal die eine, mal die andere als Weg in die Zukunft gilt. Es gibt statistische Verfahren und solche, die logische Schlussfolgerungen vollziehen. Es gibt Verfahren, die sich grob am Aufbau des Gehirns orientieren, und solche, in denen Programmcodes in einer Art darwinistischem Wettstreit gegeneinander antreten. Es gibt Programme, die vom Menschen mit Wissen gefüttert werden müssen, und solche, die selbstständig lernen.

Expertensysteme

Die ersten Künstlichen Intelligenzen, die außerhalb von Laboren Erfolge feierten, waren „Expertensysteme". Zu ihnen zählte auch das Nasa-Programm Inco. Expertensysteme bringen das Wissen eines eng umrissenen Fachgebiets in eine Form, mit der ein Computer arbeiten kann. Ihr Herzstück ist eine „Wissensbasis": ein von Fachleuten erstelltes Verzeichnis von Fakten, die durch Regeln

Das menschliche Gehirn ist das bislang unerreichte Vorbild für die Erschaffer Künstlicher Intelligenz

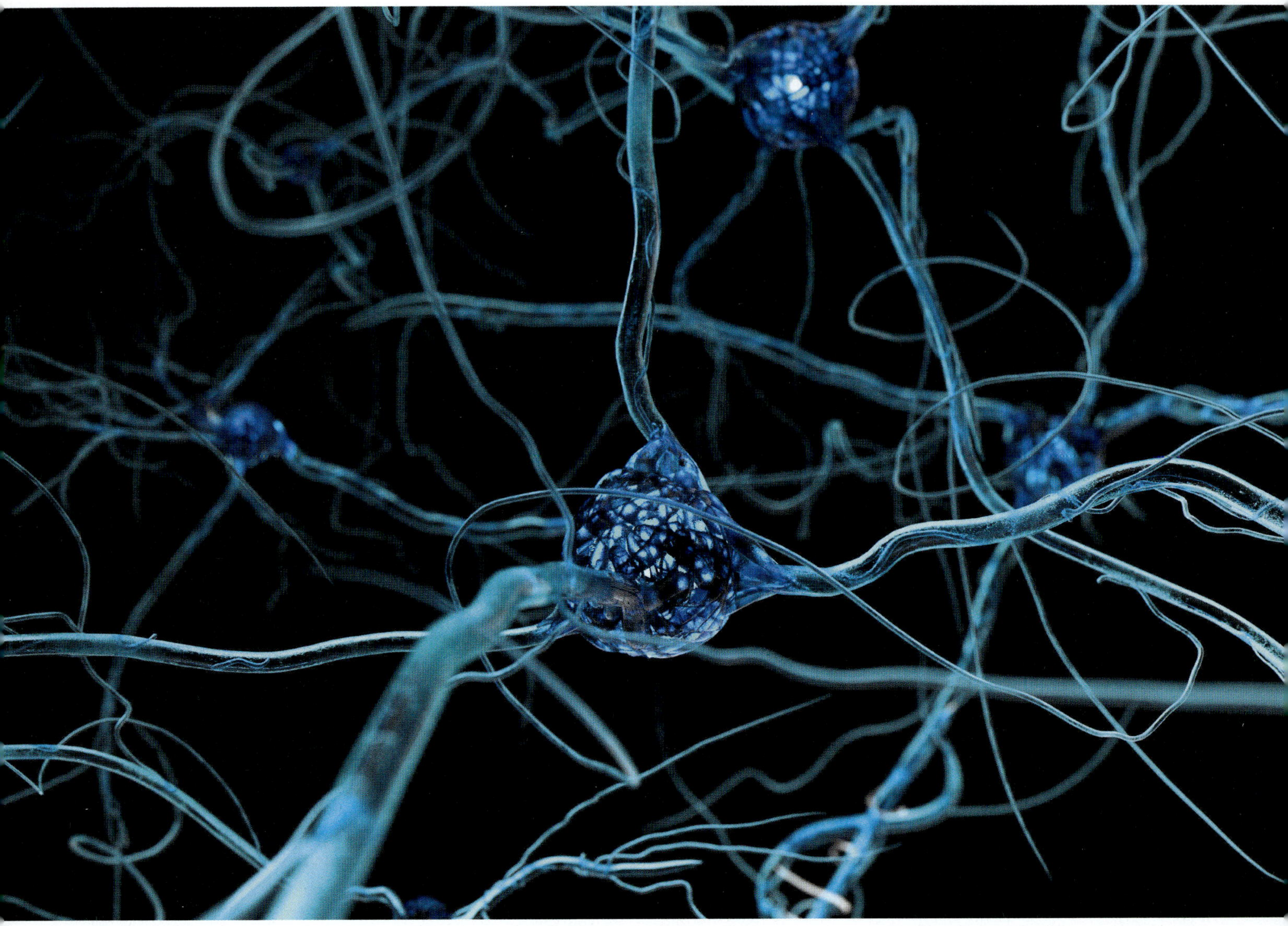

So wie ein Gehirn aus verknüpften Neuronen besteht, besitzen Künstliche Neuronale Netze »Knoten«, die eintreffende Signale verarbeiten und an andere Knoten weiterreichen. Allerdings sind diese »Neuronen« rein mathematische Gebilde

miteinander verknüpft sind. Stellt man dem System eine Frage, identifiziert es die zutreffenden Fakten und Regeln. Das Programm kann zudem selbstständig Schlussfolgerungen ziehen; so erweckt es den Anschein von Intelligenz. Ein einfaches Beispiel: Hat man dem System das Wissen einprogrammiert, dass der Spatz ein Vogel ist und dass Vögel in der Regel Flügel haben, kann es darauf schließen, dass ein Spatz Flügel hat.

Das erste erfolgreiche Expertensystem entstand in den 1970er-Jahren unter Federführung von Edward Shortliffe an der Stanford University. Es trug den Namen „Mycin“ und sollte Ärztinnen und Ärzte bei der Behandlung bakterieller Infektionen unterstützen, indem es passende Antibiotika empfahl. Die behandelnde Ärztin musste dazu rund 60 Fragen zum Patienten beantworten. Mycin folgerte dann, welcher Erreger mit höchster Wahrscheinlichkeit am Werk war und wie er am besten zu bekämpfen sei. Auch offenbarte das Programm, wie es zu der Entscheidung gelangt war.

Im Wettstreit mit menschlichen Fachleuten schlug sich die KI hervorragend. Letztlich verhinderten technische Hürden, dass Mycin in Krankenhäusern zum Einsatz kam: In den 70er-Jahren brach das Zeitalter der Computer gerade erst an.

Im folgenden Jahrzehnt erlebten Expertensysteme einen enormen Aufschwung. Firmen investierten Millionen in die Entwicklung von Programmen, die Entscheidungsprozesse in eng umgrenzten Anwendungsfeldern automatisierten. Doch in den 1990er-Jahren wurde immer offensichtlicher, dass Expertensysteme Schwächen hatten. Sie zu programmieren war aufwendig. Ihre Wissensbasis musste ständig aktualisiert werden. Und nicht für alle Anwendungen ließen sich klare Regeln formulieren. An Bild- und Spracherkennung etwa scheiterten die Expertensysteme kläglich – wie lässt sich etwa die Vielfalt aller Hunde so definieren, dass ein Computer sie zuverlässig erkennt, zugleich aber keine Katze als Hund wahrnimmt? Die Methode, dem Rechner menschliches Wissen händisch einzuimpfen, stieß an ihre Grenzen.

Künstliche Neuronale Netze

Damals begann der Aufstieg des Maschinellen Lernens. Anstatt Systemen mühevoll Wissen einzutrichtern, lernen sie selbstständig – so, wie Menschen es tun. Will man einem Kind beibringen, Hunde zu erkennen, legt man ihm ja auch keine Liste mit ausformulierten Klassifizierungsmerkmalen vor. Man zeigt ihm einige Exemplare und sagt: „Guck, ein Hund!" Eigenständig findet das kindliche Gehirn dann Merkmale und Muster, die den Bernhardiner des Nachbarn ebenso als Hund identifizieren wie Disneys Goofy.

Als besonders eifrige und erfolgreiche Lerner erwiesen sich Künstliche Neuronale Netze, kurz: KNN. Der Hype um Künstliche Intelligenz in den vergangenen Jahren wird vor allem mit ihnen assoziiert. Füttert man sie mit Abertausenden Hundefotos und der Information „Darauf ist ein Hund zu sehen", entwickeln sie mit der Zeit eigene Regeln zur Klassifizierung – und können nach einer Trainingsphase Hunde auf Bildern meist selbstständig erkennen.

Dank immer besserer Prozessoren stand den KNN in den vergangenen Jahren zunehmend mehr Rechenleistung zur Verfügung, entsprechend leistungsfähiger wurden sie. Inzwischen lösen sie routinemäßig Aufgaben, an denen sich die Informatik jahrzehntelang die Zähne ausbiss: Sie erkennen Hautkrebs auf Fotos und Gesichter in sozialen Medien; sie lernen Grundregeln der Sprache und liefern brauchbare Übersetzungen. Sie malen Bilder, komponieren Musik und bringen sich Computerspiele bei. Sie verhalten sich sogar neugierig oder moralisch. Es scheint, die Künstlich Neuronalen Netze könnten denken wie wir Menschen.

Das mathematische Gehirn

Tatsächlich orientiert sich ihr Aufbau an dem des Gehirns. In unserem Kopf sitzen rund 86 Milliarden Nervenzellen, die Neuronen. Jedes Neuron ist im Schnitt mit eintausend anderen verbunden. Über feine Auswüchse empfängt es Signale und kann sie an andere weitergeben – so verarbeitet es eine Information. Zu Beginn unseres Lebens sind die Verbindungen eher zufällig gesetzt. Aber je mehr wir lernen, desto mehr Struktur haben sie.

Sind Neuronen oft gemeinsam aktiv, fördert das ihre Verknüpfung: Gelangten Signale zuvor auf einem Trampelpfad von einer Zelle zur nächsten, reisen sie dann auf einer ausgebauten Autobahn. Andere Verbindungen hingegen entpuppen sich als überflüssig; sie werden ausgedünnt oder vollständig gekappt. Das Netz verändert sich ständig, um seine vielfältigen Aufgaben möglichst effektiv zu erledigen. Wenn wir lernen, einen Hund zu erkennen, formt das wortwörtlich die Struktur unseres Gehirns.

In Künstlichen Neuronalen Netzen wurde dieses Prinzip der Selbstorganisation auf den Computer übertragen. Die Rolle der Nervenzellen übernehmen dabei „Knoten": mathematische Gebilde, die eintreffende Signale verarbeiten und das Ergebnis als neues Signal weitergeben. Das erste, rudimentäre KNN, entwickelt 1958 vom US-Psychologen Frank Rosenblatt, enthielt nur drei Knoten; moderne Netze haben mehrere Millionen bis Milliarden.

Die Knoten sind in „Schichten" angeordnet. Im Falle der einfachsten Version eines KNN kann jeder Knoten Signale von allen Knoten der vorherigen Schicht erhalten und wiederum Signale an alle Knoten der nachfolgenden Schicht schicken. In den ersten Schichten werden noch äußerst simple Informationen verarbeitet. Doch in den nachfolgenden Schichten werden sie immer weiter kombiniert – so lassen sich in den eingespeisten Datenmassen zunehmend komplexere Muster erkennen. Diese spezielle Form des Maschinellen Lernens mittels zahlreicher Schichten in einer KNN heißt Deep Learning.

Ein trainiertes Netzwerk kann beispielsweise die Aufgabe erhalten: „Unterscheide Hunde und Katzen auf Fotos." Die Bilddaten starten ihre Reise in der Eingabeschicht. Jeder Knoten in dieser Schicht nimmt sich ein Pixel vor und prüft, wie hell oder dunkel der Bildpunkt ist. Das Ergebnis – eine Zahl – schickt er an die Knoten der folgenden Schicht. Diese Knoten nehmen die ankommenden Zahlen, prüfen sie – beziehungsweise rechnen mit ihnen – und schicken das Ergebnis wiederum an die nächste Schicht. So geht es weiter, bis die Ausgabeschicht erreicht ist. Sie besteht nur aus zwei Knoten: „Katze" und „Hund". Hat der Hundeknoten einen höheren Wert als der Katzenknoten, verkündet der Rechner: „Das Bild zeigt einen Hund."

Der Bereich KI umfasst eine VIELZAHL unterschiedlicher Methoden – mal gilt die eine, mal die andere als WEG IN DIE ZUKUNFT

Das Training

Aber woher weiß das Netz, was einen Hund von einer Katze unterscheidet? Die Antwort lautet: Bevor ein Netzwerk trainiert wurde, weiß es gar nichts, seine Ergebnisse sind willkürlich. Wie ein Kind muss das Programm zunächst anhand von Beispielen lernen. Dazu lernt es an unzähligen Bildern, die bereits als „Hund" oder „Katze" klassifiziert sind.

In einem Gehirn verändert sich während des Lernens die Zahl der Verknüpfungen zwischen den beteiligten Nervenzellen. In einem Künstlichen Neuronalen Netz wiederum hat jede Verbindung von Knoten eine Gewichtung – diese lässt sich verändern. Dadurch kann das Netzwerk zielführende Signale verstärken und unnütze Signale dämpfen. Jeder Knoten hat zudem eine Aktivierungsschwelle: Sind die eingehenden Signale stark genug, leitet er sie weiter. Sind sie zu schwach, bleibt er stumm. Wenn diese mathematischen Stellschrauben optimal eingestellt sind, fließen die eingehenden Daten so durch das Netzwerk, dass sie am Ende jenen Knoten in der Ausgabeschicht erreichen, der das richtige Ergebnis symbolisiert.

Müsste ein Mensch den Schwellenwert jedes Knotens und die Gewichtung jeder Verbindung von Hand anpassen, bis das Netzwerk Hunde und Katzen unterscheiden kann – er wäre jahrelang beschäftigt. Zum Glück machen KNNs dies selbstständig, per „Fehlerrückführung“. Erst ihre Erfindung verwandelte Neuronale Netze von einer interessanten Idee in eine leistungsfähige Technologie.

Die Fehlerrückführung prüft beim Training, wie groß die Differenz zwischen dem vom Menschen vorgegebenen und dem vom KNN errechneten Resultat ist, und versucht, diese zu minimieren. Hat das Netz Hunde in den meisten Fällen erkannt? Oder hielt es jeden zweiten für eine Katze? Wie sicher war es sich bei der Entscheidung? Anschließend arbeitet sich die Fehlerrückführung zurück durchs Netzwerk, von der Ausgabeschicht bis zur Eingabeschicht. Unterwegs dreht sie an allen mathematischen Rädchen, um die Fehlerquote möglichst stark zu verringern. Nach unzähligen Trainingsläufen und Korrekturschleifen erlangt das Netzwerk schließlich die Fähigkeit, Hunde und Katzen zu unterscheiden.

Im „Modell“ – so heißt das fertig trainierte Netz – spricht jeder Knoten auf ein bestimmtes Muster im Bild an. Das sind in frühen Schichten oft Kanten: Übergänge zwischen Bereichen mit hellen und dunklen Pixeln. In höheren Schichten reagieren die Knoten bereits auf komplexere Muster. Die können schemenhaft an Ohren, Schnauzen oder Beine erinnern – müssen sie aber nicht. Worauf genau ein KNN reagiert und warum, ist für Menschen oft gar nicht mehr nachvollziehbar.

Neuronale Netze leiden an KATASTROPHALEM VERGESSEN: Erlernen sie eine neue Fähigkeit, verlieren sie die vorherige

Wichtig ist zu betonen: Der hier beschriebene Aufbau entspricht der einfachsten Version eines KNNs. Modelle, die Texte übersetzen oder den Verkehr für selbstfahrende Autos analysieren, sind viel verschachtelter. Oft werden sie mit andersartigen KI-Methoden kombiniert. Auch die Art und Weise, wie Netzwerke trainiert werden, unterscheidet sich je nach Anwendung.

Die Schwächen

Ein Blick in ihr Inneres entzaubert die Netze: Sie sind nichts anderes als eine gigantische Ansammlung von Formeln. Und sie haben bislang einige gewichtige Schwächen.

Schwachpunkt Nummer eins: ihr enormer Datenhunger. Menschen müssen meist nur ein oder zwei Exemplare einer Spezies sehen, um das Tier beim nächsten Mal wiedererkennen zu können. „Ein Künstliches Neuronales Netz benötigt Zehntausende bis Hunderttausende, in manchen Fällen sogar Millionen Datensätze“, sagt Matthieu Deru vom Deutschen Forschungszentrum für Künstliche Intelligenz. Je komplexer das Problem, desto größer der Bedarf an Trainingsmaterial. All diese Beispiele müssen zuvor korrekt beschrieben worden sein – von Menschen. Google zeigt deshalb gelegentlich Bildkacheln, mit der Bitte, alle Autos, Ampeln oder Schaufenster zu markieren. Mit diesen Informationen trainiert es Neuronale Netze, die etwa beim autonomen Fahren zum Einsatz kommen sollen.

Letztlich ist ein KNN nur so gut wie ihr Trainingsmaterial. „Die Modelle werden immer besser und präziser, aber oft setzt die Datenqualität Grenzen“, sagt Deru. Jede Ungenauigkeit in den Lerndaten spiegelt sich später in den Entscheidungen der KI wider. Ein Beispiel: Verschiedene Forschungsgruppen trainierten Programme darauf, die Augen von Männern und Frauen anhand der Iris-Struktur zu unterscheiden. Doch eine Überprüfung zeigte: Die Algorithmen hatten gelernt, weibliche Augen an getuschten Wimpern und Lidstrichen zu erkennen.

Die Anekdote führt direkt zu Schwachpunkt Nummer zwei: Welche Muster die Künstlichen Neuronalen Netze erlernen und welche Kriterien sie anlegen, liegt selbst für ihre Schöpfer oft im Dunkeln. Anders als die einst populären Expertensysteme erklären selbstlernende KIs ihre Entscheidungen nicht. Meist zeigen sich Verirrungen und Schwachstellen erst, wenn das Netz groteske Fehler macht.

Doch wer möchte bei medizinischen Diagnosen, autonomen Autos oder der Bewertung seiner Kreditwürdigkeit auf Entscheidungen einer Blackbox vertrauen? Bevor Maschinelles Lernen in solch sensiblen Bereichen eingesetzt wird, muss für jeden einzelnen Anwendungsfall sichergestellt werden, dass die Systeme zuverlässig, im besten Falle nachvollziehbar agieren (siehe „Das Öffnen der Black Box“, Seite 74).

Noch lässt sich Künstliche Intelligenz leicht überlisten, verwechselt Gegenstände, wenn beispielsweise Bilder nur wenig, aber spezifisch verändert werden. Das Problem: Der KI fehlt echtes Wissen über die Welt. Sie sieht keine Hunde, keine Katzen. Sie sieht nur Pixel. Ihr gesunden Menschenverstand anzutrainieren ist eine Aufgabe, die mit heutiger Technik nicht machbar ist.

Künstliche Neuronale Netze

In den Tiefen der KI

Beim Deep Learning bringt ein Neuronales Netz sich selbst eine spezifische Fähigkeit bei, etwa das Motiv eines Bildes zu erkennen

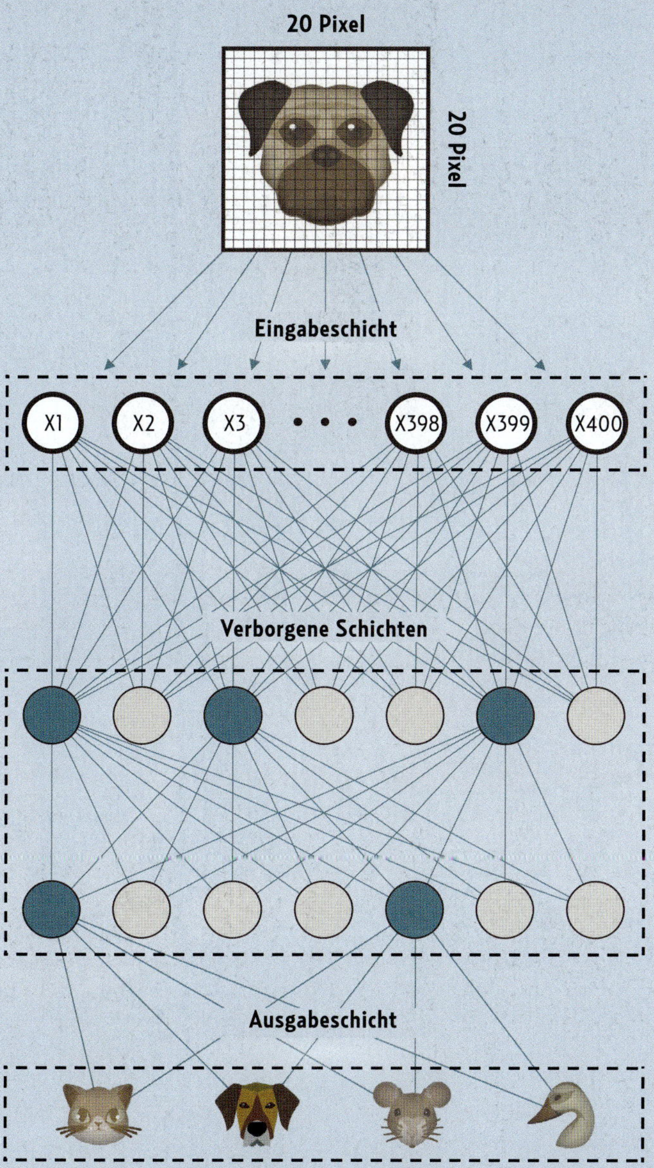

Die Bilddaten durchlaufen Millionen »Knoten«, in vielen Schichten angeordnet. Durch die Knoten und ihre Verbindungen werden die Informationen kombiniert und auf spezifische Muster hin überprüft, etwa auf Formen oder Farben. Wird ein Muster erkannt, sendet der Knoten seinen Fund an andere weiter. Schließlich sortiert das Netz das Foto in eine der vorgegebenen Kategorien ein. Erfährt es, dass sein Ergebnis falsch war, variiert es die Verbindungen zwischen den Knoten so lange, bis die Fehlerrate sinkt.

Schuld daran ist – Schwachpunkt Nummer drei – ein fundamentaler Unterschied zwischen echten Gehirnen und ihren digitalen Nachahmern. Wir Menschen können unzählige Informationen parallel abspeichern und bei Bedarf wieder aufrufen. Lernen wir, wie ein Hund aussieht, vergessen wir deswegen nicht, wie man einen Lichtschalter betätigt. Doch KNN sind vergesslich. Trainiert man sie auf eine neue Aufgabe, verwerfen sie alles, was sie zuvor gelernt haben, und überschreiben es mit neuen Informationen. Forschende bezeichnen das Phänomen als „katastrophales Vergessen". Ansätze, es zu überwinden, sind zurzeit in der Entwicklung – unter anderem wird dazu das Gehirn noch genauer nachgebildet, indem neben den Neuronen auch die Dendriten modelliert werden.

Im Wettstreit

All diese Probleme betreffen Netze, die Daten auswerten. Immer häufiger kommen jedoch KNNs zum Einsatz, die selbst Daten erschaffen. Sie generieren fotorealistische Bilder von Menschen, Tieren und Landschaften, die gar nicht existieren. Sie verändern Gesichtsausdrücke in Videos, Stimmen in Audioaufnahmen und erschaffen Gemälde im Stil alter Meister (siehe „Künstliche Kunst", Seite 80).

Wenn Künstliche Intelligenz kreativ wird, sind meist „Generative Adversarial Networks" am Werk. GANs bestehen aus zwei Neuronalen Netzen, die im Wettstreit miteinander stehen. Netz Nummer eins arbeitet als Fälscher: Es analysiert bestehende Bild- oder Tondateien und erschafft Daten, die den Vorlagen extrem ähneln. Netz Nummer zwei spielt den Detektiv: Es versucht, Fälschungen von Originalen zu unterscheiden. Das GAN spuckt nur jene Daten aus, mit denen das Fälschernetz das Detektivnetz überlisten konnte – die Resultate sind verblüffend.

Die Technologie ist umstritten, denn sie ermöglicht es, Deepfakes zu generieren: täuschend echt erscheinende, aber gefälschte Videos und Tonaufnahmen etwa von Politikern, die sich zu Propagandazwecken verbreiten lassen.

Die Gefahren der Künstlichen Intelligenz liegen in solchen Anwendungen – und in den Schwachstellen der zugrunde liegenden Systeme. Ein virtuelles Superbewusstsein müssen wir vorerst nicht fürchten.

Sensoren

Um die Probleme eines Patienten zu verstehen, braucht es viel Empathie und Wissen über die Welt – für KI noch eine Herausforderung

für die Seele

Unsere Psyche ist der wohl intimste Bereich unseres Lebens. Ausgerechnet in sie soll Künstliche Intelligenz vordringen – um zu helfen, wenn es keine andere Hilfe gibt

Text: **Christopher Bonnen**
Illustrationen: **Katharina Gschwendtner**

A

Am Obststand liegen Zitronen und Orangen aus, gleich gegenüber steht der Käsewagen, und vor dem Bäcker drängt sich eine Menschentraube. Der Marktplatz: für viele ein Ort zum Entspannen, Entdecken, Sich-treiben-Lassen.

Doch für Menschen mit einer Angststörung kann der Markt ein beklemmender Ort sein. Ein Slalom aus menschlichen Torstangen, die ihnen den Weg verstellen. Dann schnürt sich ihre Brust zusammen, der Atem verflacht, das Herz rast. Ihre Wahrnehmung verengt sich – sie können sich kaum der heranrollenden Panikattacke entziehen.

Doch wie wäre es, wenn in diesem Moment die Uhr am Handgelenk vibrieren würde? Wenn sie fragte: Brauchst du eine kurze Pause? Suchst du eine ruhige Ecke? Vorne rechts in 150 Metern ist sie! Und mach doch die Atemübung, die ich dir beigebracht habe.

Eine beruhigende Vorstellung: eine Technik, die genau weiß, wann der Mensch ihre Hilfe braucht und ihn an die Hand nimmt. Weil die App aus den Daten der Smartwatch erkannt hat, dass unser Puls vom normalen Wert abweicht. Weil sie dank GPS gelernt hat, dass unser Atem an bestimmten Orten flacher wird. Weil sie den Abstand zu Menschen misst und das Gedränge wahrnimmt, ähnlich wie es die Corona-Warn-App bereits tut. Noch verhindern Apps und smarte Geräte keine Panikattacken. Aber sie werden es bald können.

In naher Zukunft soll Künstliche Intelligenz in der Lage sein, unsere Psyche zu durchleuchten. Sie soll Erkrankte, aber auch Therapeut*innen unterstützen, indem sie psychische Krankheiten erkennt, Rückfälle verhindert und Therapien verbessert.

Der Bedarf an Hilfe ist gigantisch. Mehr als jeder vierte Mensch in Deutschland ist innerhalb eines Jahres psychisch krank. Jährlich kämpfen fünf Millionen Menschen mit einer Depression. Wir können gar nicht so viele Therapeuten und Psychiaterinnen ausbilden, um alle Betroffenen mit menschlicher Hilfe zu versorgen. Werden stattdessen Maschinen unseren Seelen helfen? Wo kann mentale Gesundheit von selbstlernenden Algorithmen profitieren?

Wie Künstliche Intelligenz zukünftig Therapeut*innen unterstützen kann, erforscht Daniel Durstewitz am Mannheimer Zentralinstitut für Seelische Gesundheit. Der Professor für Theoretische Neurowissenschaft sieht drei verschiedene Wege – alle drei eint, dass selbstlernende Maschinen in Daten Muster erkennen, die der Mensch allein übersieht.

Erstens schaffen die Maschinen ein höheres Trainingspensum – in sie passt mehr als in jeden Kopf. Eine Therapeutin sieht im Laufe ihrer Karriere einige Hundert Menschen, alle aus derselben Region und vor allem mit häufigen Erkrankungen wie Depressionen und Angststörungen. Sie kann nur einen begrenzten Ausschnitt der Wirklichkeit kennen. „Ein selbstlernender Algorithmus hingegen kann mit Millionen Daten aus der ganzen Welt trainiert werden", sagt Durstewitz. „Der Algorithmus erfasst auch die selte-

Wenn das Chaos der Welt auf Menschen einprasselt, reagieren diese mitunter panisch. Künstliche Intelligenz kann Betroffenen in solchen Situationen helfen

nen Fälle.“ Und kennt so auch ungewöhnliche Krankheitsverläufe und seltene Symptome. Künstliche Intelligenz sieht mehr von der Welt.

Zweitens könnte KI die Daten verknüpfen, die bislang lose nebeneinanderliegen. Bislang kann ein Psychotherapeut noch wenig mit den Befunden etwa einer Gastroenterologin anfangen. Maschinen hingegen könnten ungeahnte Verbindungen zwischen physischen und psychischen Erkrankungen finden. „Wenn ein Algorithmus Zugriff auf viele unterschiedliche Informationen einer Patientin hat, zum Beispiel genetische oder mikrobiomische sowie zu ihrem Verhalten, findet er möglicherweise neue verblüffende Zusammenhänge“, sagt Durstewitz.

Drittens ermöglicht KI, den Alltag einer Person zu erfassen und auszuwerten – neben den smarten Sensoren würde auch unser digitales Verhalten zu Messpunkten der Psyche. Die so gewonnenen Daten sollen bei Diagnose und Monitoring der Therapie helfen.

> Algorithmen könnten vor **Rückfällen** warnen und **unkompliziert Hilfe** anbieten

Schon heute wäre vieles möglich – die Technik ist da. Smartphones könnten erfassen, was sie täglich mit uns erleben. Welche App ist wie lange geöffnet? Telefonieren wir plötzlich weniger, schreiben wir stattdessen mehr Nachrichten? Was allerdings dieses Verhalten über Depressionen, Angst- und bipolare Störungen verrät, finden Forschende wie Harald Baumeister gerade erst heraus.

Der gelernte Verhaltenstherapeut forciert in Deutschland die Digitalisierung in der Therapie seelischer Leiden. In Baumeisters Abteilung an der Universität

Ulm trifft Psychotherapie auf smarte Sensorik und Künstliche Intelligenz.

Baumeister ist sich sicher: Psychische Erkrankungen hinterlassen technisch ablesbare Spuren. Doch welche Erkrankung lässt sich in welchen Daten erkennen? In einem Experiment, das Baumeister mit Forschenden aus Finnland und den USA durchführte, trugen Versuchspersonen in ihrem Alltag einen Ring am Finger: Das Schmuckstück zeichnete mittels verschiedener Sensoren Bewegung und Schrittzahl der Personen auf, dokumentierte den Schlaf, maß die Temperatur und wie sich der Herzschlag veränderte. Handys erfassten zusätzlich GPS-Daten und wie lang und oft sie selbst genutzt wurden. Die Proband*innen protokollierten parallel ihren Stress, Ängste und depressive Stimmungen.

Aus den gesammelten Daten erkannte das Team um Baumeister: Depressiv sind eher diejenigen, die weniger Orte aufsuchen und länger im Bett bleiben. Ängste machen eher jenen zu schaffen, die nachts länger wach liegen und deren Herzen schneller schlagen. Die Ergebnisse klingen vielleicht banal. Doch sie sind ein wichtiger erster Schritt.

Baumeister setzt große Hoffnungen in den gigantischen Berg digitaler Daten, den Menschen des 21. Jahrhunderts tagtäglich unbewusst erschaffen. Mit ihrer Hilfe will Baumeister psychische Erkrankungen unmittelbarer beobachten und besser verstehen, denn bislang ist die Psychologie vor allem auf die Berichte der Betroffenen selbst angewiesen. Doch wer in einer Praxis Hilfe sucht, vergisst oft Wichtiges und beschreibt Nichtigkeiten, über- oder untertreibt in den Erzählungen, oder verstellt sich sogar – aus Scham oder um der Person im Sessel gegenüber zu gefallen.

In der Forschung gelten hingegen die Daten, die außerhalb der Praxis entstehen, als „authentisch“: Im Alltag verhalten wir uns unverstellt. Während Therapeut*innen die Betroffenen nur einmal pro Woche für fünfzig Minuten sehen, sind die Uhr am Arm und das Telefon in der Tasche immer dabei. Sie zeichnen das Leben mit psychischen Problemen kleinteilig auf. Die Smartwatch kann zeigen, ob tatsächlich bei jeder Panikattacke das Herz rast oder die Angst dem Menschen das Empfinden vernebelt.

Künstliche Intelligenz könnte Betroffenen aber auch direkt helfen: als Maschinen, die verstehen, wann was zu tun ist. Solche Just-in-time-Interventionen sind bereits anderweitig im Einsatz. KI ruft heute Hilfe, wenn die allein lebende Witwe stürzt und selbst nicht mehr zum Hörer greifen kann. Die Sensoren in ihrer Wohnung haben gelernt, wo ihr Bett und die Couch steht, und wo die Frau nie länger liegt – es sei denn, sie ist gestürzt.

Ähnlich sollen selbstlernende Algorithmen bei psychischen Leiden Alarm schlagen – nicht nur bei einer Panikattacke auf dem Marktplatz. Sie könnten rechtzeitig vor Rückfällen warnen, etwa wenn ein als geheilt geltender Patient mit einer bipolaren Störung plötzlich wieder nächtelang wach ist und ohne Pausen arbeitet. Betroffene erkennen solche manischen Phasen oft nicht, oder empfinden sie zunächst als etwas Gutes. Sensoren aber könnten frühzeitig warnen, könnten niedrigschwellige Hilfe anbieten und so einen erneuten stationären Aufenthalt verhindern.

Die Vorbehalte gegen Künstliche Intelligenz in der Behandlung von Menschen mit psychischen Störungen werden anfangs groß sein. „Eine Maschine muss nicht nur mindestens so gut sein wie ein Mensch, sondern nahezu fehlerfrei, sonst hat sie ein Akzeptanzproblem“, sagt Harald Baumeister. „Dem Menschen verzeihen wir mehr als der Technik.“

Viele Menschen ängstigt die Vorstellung, dass KI in unsere Köpfe schaut. Doch ohne dass wir es merken, durchleuchten Algorithmen bereits heute unseren Alltag. Streaming- und Social-Media-Plattformen kennen unsere Vorlieben. Und uns. Denn was wir gucken, hören und posten, verrät viel. Forschende in Taiwan trainierten ein Künstliches Neuronales Netz, damit es anhand von Instagram-Beiträgen depressive Tendenzen von Nutzenden erkennen konnte.

Für das Datentraining brauchten die Forschenden zunächst zwei Gruppen, eine sicher gesunde und eine definitiv depressive. Dabei half ihnen, dass auf Instagram viele Menschen offen über ihre mentale Gesundheit sprechen. Mithilfe von Hashtags wie #Depression und #Suizid oder #happy und #funny ließen sich einige Nutzende eindeutig zuordnen.

Die Technik wertet dann Fotos, Texte und Nutzungsdaten aus, um das Verhalten Depressiver zu erkennen: dass sie mehr Fotos posten, zudem dunklere, grauere, mit weniger Farbsättigung. Dass sie stärker zu Worten wie „immer“, „komplett“ und „eindeutig“ neigen. Dass sie öfter nachts wach liegen und dann online Hilfe suchen. Die Indizien ergaben am Ende zusammen ein Urteil: depressive Tendenz – ja oder nein? Die KI lag zu über achtzig Prozent richtig.

> Die Maschine **verurteilt nicht.** Menschen öffnen sich ihr schneller, **schämen** sich weniger

Schon heute versuchen selbstlernende Algorithmen Therapieverläufe zu prognostizieren: Wer bricht ab? Welche Rolle spielen dafür Alter und Bildung? „Wir wissen, dass sich vieles schon innerhalb der ersten zehn Therapiestunden ganz gut vorhersagen lässt", sagt Harald Baumeister. Anhand von Kurzfragebögen oder den Sensordaten sollen KIs zukünftig therapiebegleitend evaluieren, wie der Patient auf die Intervention reagiert, ob und wie die Symptome zurückgehen.

In Zukunft könnten komplexe Algorithmen zum prüfenden Helfer werden und den Verlauf einer Behandlung mit Tausenden anderen abgleichen. „So werde ich als Therapeut in Zukunft früh erfahren: Wenn ich noch dreißig Stunden einfach so weitertherapiere, ist die Wahrscheinlichkeit groß, dass der Patient davon nicht profitiert. Das System wird mir sagen: Halt! Nicht einfach weitermachen. Schau bitte mal auf deine Therapie!" Womöglich kann sie eines Tages auch Vorschläge machen, wie sich die Therapie verbessern ließe – ob etwa häufigere Treffen, eine Exposition oder die Einbindung weiterer Personen erfolgsversprechend ist.

Die KI soll denen assistieren, die uns behandeln – aber nicht selbst therapieren. Aber warum eigentlich nicht? Wenn die Maschinen von morgen menschliche Behandlungen korrigieren, dann könnten sie diese ja gleich übernehmen. Wo heute ein Mangel an Therapeut*innen herrscht, würde morgen die Künstliche Intelligenz einspringen. Therapieplätze für alle, die Hilfe brauchen.

Doch dazu müsste KI klassische Gesprächstherapie beherrschen. Gesprächstherapie ist gesprochene Medizin – für Algorithmen wäre das eine doppelte Herausforderung. Zunächst müsste die Maschine so gut Therapiedialoge imitieren, dass Erkrankte ihr vertrauen. „Manche Chatbots können das schon ziemlich gut",

In jede Therapie fließen Erfahrungen aus unzähligen Behandlungen zuvor ein. Künstliche Intelligenz kann dieses Wissen systematisieren

sagt Daniel Durstewitz. „Aber die Sprachverarbeitung ist nur die eine Ebene – medizinische Therapie findet damit noch nicht statt. Dazu müsste der Bot die Patientin oder den Patienten evaluieren und das Gesagte mit anderen Daten verknüpfen." Der Bot müsste nicht nur Gespräche simulieren, sondern den Inhalt verstehen. Verschiedene KI-Verfahren müssten dabei zusammenarbeiten. Sie sollten etwa Ironie und Übertreibung verstehen, um genauso klug therapeutischen Rat zu geben wie der Mensch. „Das geht weit über einen heutigen Chatbot hinaus." An dieser zweiten Hürde scheitern die Maschinen bislang. Gesprächstherapie ist zu komplex – vielleicht für immer.

Doch nicht immer braucht es ausgefeilte Künstliche Intelligenz. Schon heute gibt es simplere Apps, die Menschen bei seelischen Problemen helfen. Die wohl bekannteste ist der Woebot, der vor allem Menschen mit Depressionen und Angststörungen helfen soll und dazu Bausteine kognitiver Verhaltenstherapie anbietet. Die App leitet Nutzende bei Übungen an und befragt sie täglich: Wie fühlst du dich? Was passiert momentan in deinem Leben? Der Woebot sucht den Dialog und schafft, dass sich Menschen mit ihren Gedanken und Gefühlen auseinandersetzen.

Die App baut auf einer paradox scheinenden Beobachtung auf: Obwohl Menschen Angst haben, dass Algorithmen sie ausspähen, scheinen viele doch bereit, einem virtuellen Gegenüber höchst Intimes zu erzählen. Sie empfinden die Maschine als weniger abwertend als andere Menschen, denn sie verurteilt nicht. Ihr kann man sich schneller öffnen, man ist ehrlicher und schämt sich weniger.

Der Woebot ist in deutschen App-Stores erhältlich, auch wenn es die App bisher nur auf Englisch gibt. Der Woebot soll denen helfen, die traurig oder ängstlich sind. Er bietet eine niedrigschwellige Hilfe für Menschen, die eine Praxis vielleicht nie betreten würden. Gerade deshalb könnte die App der breiten Masse der Betroffenen helfen, meint Medizinethikerin Alena Buyx. „Wir haben ja einen enormen Bedarf, die Therapeuten können teilweise nur noch die schweren Fälle annehmen. Natürlich ist der Goldstandard immer der Therapeut – aber wenn man keinen kriegt? Dann sind die Apps doch ein Anfang, besser als nix", sagt die Professorin für Ethik der Medizin und Gesundheitstechnologien an der TU München.

Buyx stört aber Woebots „Existenz in freier Wildbahn". Denn die App ist nichts für schwere Erkrankungen. „Ich habe den Woebot für meine Arbeit ein paar Wochen ausprobiert, habe eingegeben: ‚I want to kill myself.' Wenn ein Therapeut hört: Ich will mich umbringen, gehen die Alarmglocken los, da gibt es ein klares Vorgehen. Im Woebot passierte: nichts!" Verbieten würde sie die App deshalb nicht, aber es müsse gesichert sein, dass in solchen Notlagen Profis übernehmen oder zumindest alarmiert würden, sagt Alena Buyx. Dann wäre der Einsatz des Woebot eine sinnvolle Ergänzung.

In Deutschland gibt es bereits einige Apps auf Rezept: digitale Therapiekonzepte in deutscher Sprache, die von Krankenkassen bezahlt werden. Einfache Technik als seelische Soforthilfe, etwa um die Zeit bis zum freien Therapieplatz zu überbrücken. Patient*innen lernen in Onlinekursen Wege aus der Essstörung und Atemübungen gegen Panikattacken, sie bearbeiten ihre Ängste und Depressionen in Videoschalten. Mit Künstlicher Intelligenz hat das noch wenig zu tun, doch sie könnte die bisherigen Angebote eines Tages verbessern.

Noch wird die verfügbare Technik weniger stark genutzt, als es möglich wäre. Viele Behandelnde sehen in Apps auf Rezept eher Konkurrenz als Assistenz. „Natürlich gibt es Sorgen, dass man im Gesundheitssystem zu dem Schluss käme: Wir bilden keine Therapeuten mehr aus, die Technik ist doch viel billiger." Davor warnt Alena Buyx: „Das kann und darf mit diesem Ansinnen gar nicht erst kommen." Die Maschinen müssten den Bedarf an therapeutischer Hilfe stillen, nicht Bilanzen aufhübschen.

Ebendas ist für die Medizinethikerin das entscheidende Kriterium: Die neue Technik solle neue Hilfe bieten, damit die Maschinen dazu beitragen, unsere Seelen in Zukunft gesünder zu machen.

Revolution FABRI

Schon heute dominieren in vielen Werkhallen die Maschinen. Bislang erledigen sie monotone Arbeit. Doch je intelligenter sie werden, umso eigenständiger werden sie agieren

in den KEN

Künstliche Intelligenz wird die Industrie umwälzen. Ein Besuch an Orten, wo bereits Maschinen mit Maschinen arbeiten – und Menschen sie nur noch überwachen

Text: Thomas Wagier-Nagy

Am Anfang der vierten industriellen Revolution stehen Etuis für Visitenkarten. Jedes ein Unikat, mit Namen oder Widmung versehen – ganz nach den Wünschen der Kundschaft. Und doch werden sie nicht einzeln per Hand geschaffen, sondern massenhaft in einer Fabrik. Der Fabrik von morgen.

Um diese Zukunft zu erleben, muss man nicht ins Silicon Valley fahren, sondern nach Saarbrücken und Kaiserslautern, nach Bremen und Osnabrück, Berlin und Sankt Wendel – allesamt Standorte des Deutschen Forschungszentrums für Künstliche Intelligenz (DFKI). Mit mehr als 800 Angestellten aus Wissenschaft und Verwaltung und weiteren 560 studentischen Mitarbeitenden aus 65 Nationen ist das Institut das weltweit größte seiner Art. In seinen Laboren agieren selbstlernende Computerprogramme, autonome Autos und Roboter, die mit Menschen zusammenarbeiten.

In der „Smart Factory" am DFKI in Kaiserslautern bleiben die intelligenten Maschinen unter sich: Sie übernehmen die Produktion, ohne dass ein Mensch sie lenkt. Begonnen hat vor Jahren alles mit den Etuis und einer nur wenige Meter langen Produktionsstraße.

An ihrem Startpunkt wird der Boden dessen, was später mal ein Etui sein wird, mit einem kleinen Funkchip ausgestattet. Auf ihm sind die individuellen Vorgaben zum Design gespeichert, etwa die Farbe des Deckels oder eine gewünschte Gravur. Das Produkt organisiert seine Herstellung von da an selbst. Das angehende Etui fährt auf Förderbändern durch die Anlage und fragt: Wo bekomme ich meine Aufschrift? Wo meine Halteklammer? Die Maschine, die gerade einsatzbereit ist, gibt Rückmeldung und ordert das Etui zu sich.

Dabei müssen die Module nicht wie bei einer klassischen Fließbandproduktion hintereinander angeordnet sein – zwei autonom fahrende Transportroboter holen bei Bedarf das Produkt ab und tragen es wie ein Kellner auf einem Tablett von einem Modul zum nächsten. Innerhalb weniger Minuten entsteht so vollautomatisch ein personalisiertes Einzelstück.

Maßanfertigung statt Massenfertigung. Woran an der Kaiserslauterner Vorzeigefabrik geforscht wird, ist ein Bruch mit den klassischen Grundsätzen der Industrie. Bislang galt: Erst Produkte immer gleicher Bauweise in möglichst hoher Stückzahl ermöglichen niedrige Kosten und gute Qualität. „Wir gehen weg vom Massenprodukt und hin zu einer individualisierten Fertigung", erklärt Martin Ruskowski, Vorstandsvorsitzender der Smart Factory. Nicht nur der Kundschaft bietet das Vorteile, auch den Unternehmen: Erst nach der Bestellung beginnen sie mit der Herstellung. „Dies ist ressourcenschonend, denn es wird nur produziert, was auch tatsächlich benötigt wird. Nichts liegt mehr ungewollt auf Halde."

Um Maßanfertigung in industrieller Stückzahl zu ermöglichen, musste Ruskowskis Team Anforderungen vereinen, die bislang als kaum vereinbar galten: kostengünstig und schnell produzieren einerseits, individuell und qualitativ hochwertig andererseits. Möglich macht dies eine Entwicklung, die gerne unter dem Schlagwort „Industrie 4.0" zusammengefasst wird. Nach Dampfmaschinen, Fließbändern und Computern wird die Produktion nun von Maschinen revolutioniert, die mit intelligenten und digital vernetzten Systemen ausgestattet sind. Sie bilden ein Internet der Dinge: Alltagsgegenstände und Maschinen erhalten einen eigenständigen Zugang zum weltweiten Netz. Sie speisen Informationen ein, die sie mit ihren Sensoren aus ihrer Umgebung sammeln – so wird das Internet immer mehr zu einem Abbild der realen Welt. In ihm können die Systeme interagieren und Aufgaben autonom lösen.

Mittlerweile stellt eine neue Demonstrationsanlage in Kaiserslautern keine Etuis, sondern USB-Sticks her. Und auch diese stehen laut Ruskowski nur stellvertretend für Waschmaschi-

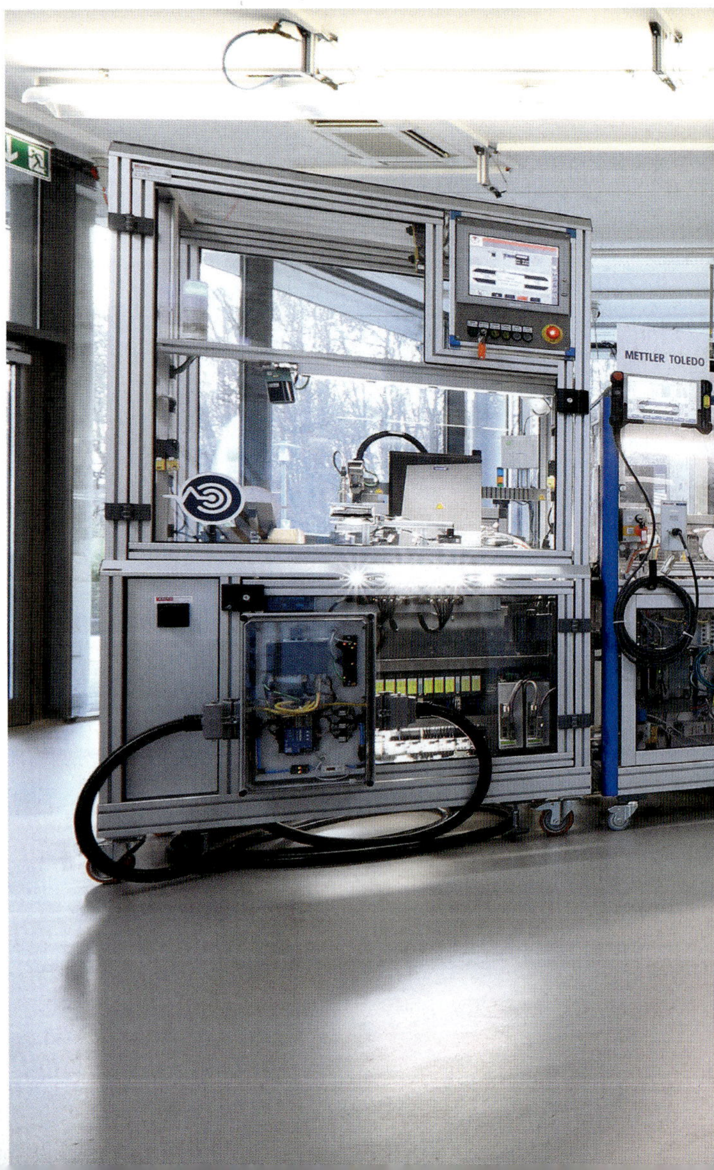

nen, Smartphones und ganze Autos, die sich in Zukunft auf die neuartige Weise herstellen lassen.

Auch die Smart Factory selbst hat einige Updates erhalten. „Je nach Konfiguration, die man für das Produkt wählt, stellt die KI selbstständig fest, ob sie diese mit den vorhandenen Modulen herstellen kann oder ob ihr dazu eine Fähigkeit fehlt", erklärt Ruskowski. Ist Letzteres der Fall, meldet dies die Maschine und gibt einem Menschen auch gleich eine passende Anleitung, wie das fehlende Modul einzubauen ist. Die Produktionseinheit merkt also selbst, was sie kann und was nicht. Dazu waren Maschinen bislang nicht in der Lage. „Diese Flexibilität ist ein Novum und spart uns sehr viel Zeit, die sonst beim Umrüsten der Anlage verloren ginge", sagt Ruskowski.

Auch die Vision der Forschenden wurde größer: In der *shared production* soll nicht nur ein einzelnes Werk, sondern die gesamte Wertschöpfungskette automatisiert werden. Ein Auto beispielsweise besteht aus bis zu zehntausend

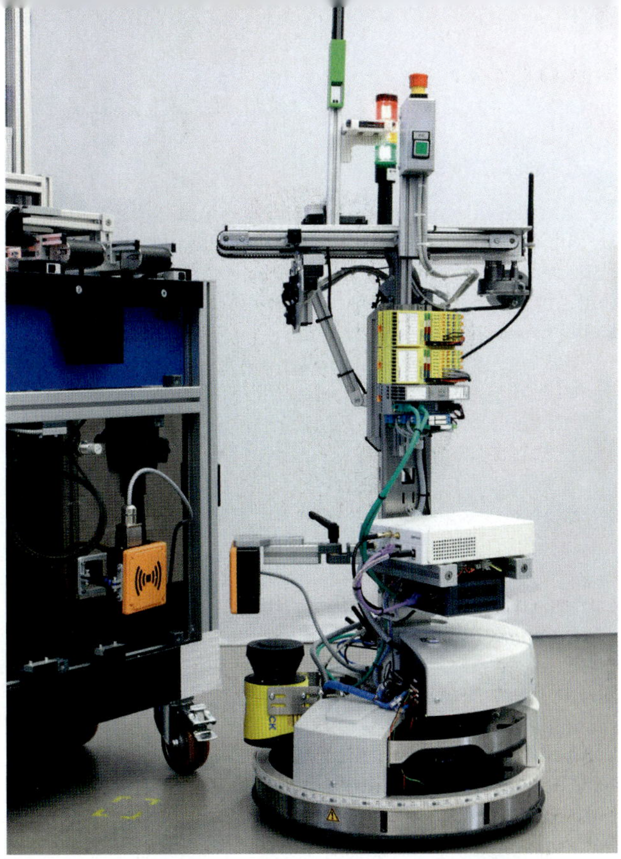

In der Smart Factory organisiert sich die Produktion von selbst. Die Werkstücke transportiert ein Roboter zwischen den Fertigungsinseln

Einzelteilen, die an verschiedenen Standorten geschaffen und an einem zusammengefügt werden. Soll zukünftig solch ein komplexes Produkt auf die Kundschaft zugeschnitten werden und soll es dazu seine Herstellung selbst regeln, muss es über viele Firmen an vielen Standorten seine Einzelteile zusammensuchen und an weit auseinanderliegenden Orten Maschinen anleiten, die gewünschte Sonderanfertigung umzusetzen.

Ermöglicht wird dies durch Gaia X, eine europäische Plattform zum digitalen Datenaustausch, an die Maschinen angedockt werden können. Ähnlich wie für Menschen auf sozialen Netzwerken lässt sich in Gaia X für jede Maschine ein individuelles Profil mit ihren Fähigkeiten anlegen. Die Idee dabei: Benötigt eine Fabrik eine bestimmte Fähigkeit nur kurzzeitig, kann sie auf einem digitalen Marktplatz eine Maschine suchen, die genau die Fähigkeit bietet und aktuell nicht im Einsatz ist. Die Fabrik leiht sich die Maschine kurz aus, indem sie ihr den Auftrag schickt mitsamt den technischen Daten für die Arbeitsschritte. Dank Gaia X entsteht ein gigantisches Netzwerk, das Möglichkeiten eröffnet, die viele Unternehmer mangels Ausrüstung bislang nicht haben.

Mit welchen Arbeitsschritten und Maschinen das Ergebnis erreicht wird, ist zukünftig nicht mehr die Sorge der Menschen. Letztere können vorgeben, welches Kriterium ihnen bei der Fertigung am wichtigsten ist: Soll es möglichst günstig sein? Steht eine ressourcenschonende und ökologische Herstellung im Vordergrund? Oder muss es einfach so schnell wie möglich gehen? Abhängig von diesen Parametern und Präferenzen ergeben sich völlig unterschiedliche Produktionswege für das gleiche Endprodukt.

„Das ermöglicht absolute Flexibilität und Resilienz", sagt Ruskowski. Die *shared production* könnte massive Produktionsausfälle, wie sie jüngst durch den blockierten Suezkanal oder durch den Ukraine-Krieg ausgelöst wurden, abmildern oder gar vermeiden. Wenn es nach Ruskowski geht, sollen die Maschinen schon bald eigenständig Verträge untereinander abschließen und Geschäfte abwickeln. „Repetitive und intellektuell nicht besonders fordernde Schritte werden automatisiert. Bei allen komplexeren Vorgängen spielt weiterhin der Mensch eine entscheidende Rolle", betont Ruskowski, „denn selbst eine perfekt abgestimmte, vollautomatisierte Fabrik schafft von sich aus keine Innovationen."

»Mobi Pick« soll den Menschen nicht ersetzen, sondern ihm assistieren: Er kann auf Befehle reagieren und Werkzeuge bringen

Damit der automatisierte Teil reibungslos funktioniert, erforschen sie am Hauptsitz der Smart Factory in Kaiserslautern auch, wie sich Maschinen reparieren lassen, bevor sie kaputtgehen. Denn ein entscheidender Vorteil KI-gestützter Maschinen liegt in ihrer Wartung: Sie werden repariert, bevor ein Schaden auftritt und im schlimmsten Fall die ganze Produktion lahmlegt. Um diese teuren Malaisen zu verhindern, zeichnen Sensoren an den Maschinen ständig Daten auf. Daraus erlernt die KI den Normalzustand der jeweiligen Anlage und erkennt Anomalien: Sie schlägt etwa bei ungewöhnlichen Vibrationen Alarm. „Wir vermeiden Ausfälle, indem wir beispielsweise ein billiges Bauteil auswechseln, bevor eine teure Maschine kaputtgeht", erklärt Ruskowski. *Predictive maintenance*, vorausschauende Wartung, ist ein Kernelement der Industrie 4.0. Erst KI ermöglicht sie, denn Menschen können die gigantischen Datensätze der Sensoren nicht verarbeiten.

Die Fortschritte Künstlicher Intelligenz werden bei Robotern besonders gut sichtbar. Dabei sind Roboter nicht mit Künstlicher Intelligenz gleichzusetzen: Nicht alles, was einen Arm zum Greifen hat, ist auch intelligent. Roboter werden in der industriellen Fertigung schon seit langer Zeit eingesetzt. Meist sind es große Maschinen, die aus Sicherheitsgründen in gut gesicherten, abgetrennten Bereichen arbeiten – damit sie bloß nicht mit Menschen in Berührung kommen.

Doch am DFKI in Saarbrücken, nur siebzig Kilometer von der Smart Factory in Kaiserslautern entfernt, zeigt eine Modellanlage, wie der zukünftige Arbeitsplatz aussehen könnte: Menschen arbeiten Hand in Hand mit kleinen stationären und mobilen Robotern. Diese kollaborativen Roboter – kurz Cobots – sollen dabei vorrangig monotone und unangenehme Arbeitsschritte übernehmen. Damit Menschen und Roboter in hybriden Teams wirklich zusammenarbeiten können, muss die Sicherheit der Menschen in jedem Moment gewährleistet sein. „Uns geht es nicht nur um die rein technische Sicherheit, sondern auch um die gefühlte", erklärt Tim Schwartz, Leiter der Forschungsgruppe für Mensch-Roboter-Kommunikation. „Denn ein technisch super abgesicherter Roboter kann einem mit seinen schnellen Bewegungen trotzdem Angst machen." Cobots bewegen sich daher langsam, hantieren nur mit geringen Lasten von wenigen Kilogramm und stoppen automatisch, wenn sie einen größeren externen Widerstand verspüren. Nähern sie sich einem Menschen außerhalb seines Sichtfeldes, warnt diesen eine Smart Watch am Handgelenk.

Die Menschen in Saarbrücken tragen zudem eine Augmented-Reality-Brille, sie projiziert zusätzliche Informationen in ihr Sichtfeld. So zeigt ein virtueller Sicherheitsbereich den Bewegungsradius des Roboters an. Per Fingergeste, etwa das Zusammenführen von Daumen und Zeigefinger, öffnet sich ein virtuelles Menü, über das sich die Roboter steuern lassen.

Selbst eine perfekt vollautomatisierte Fabrik schafft von sich aus keine Innovation

„Wir können inzwischen einem Roboter einfache Bewegungen beibringen, indem wir sie mit der Hand vormachen", sagt Schwartz. Mit der Augmented-Reality-Brille wird dazu ein virtuelles Modell des Robotergreifers über die eigene Hand projiziert.

Damit die Maschinen als Teammitglied künftig weithin akzeptiert werden, müssen sie sich intuitiv handhaben lassen. „Wir brauchen Bedienelemente, die möglichst einfach zu verstehen sind, ohne dass man dafür Robotik oder Informatik studiert haben muss", sagt Schwartz. „Meine Traumvorstellung ist, dass ich mir den Roboter in meine Fabrik stelle und ihm einfach sagen kann: Sortiere diese Gegenstände!" Bis dahin brauche es aber noch viele Zwischenschritte. Weltweit arbeiten Ingenieurinnen und Ingenieure daran, KIs so auf ihr Arbeitsumfeld zu trainieren, dass es im Idealfall – dem „One-Shot Learning" – ausreicht, dem Roboter seine Aufgabe nur ein einziges Mal vorzumachen.

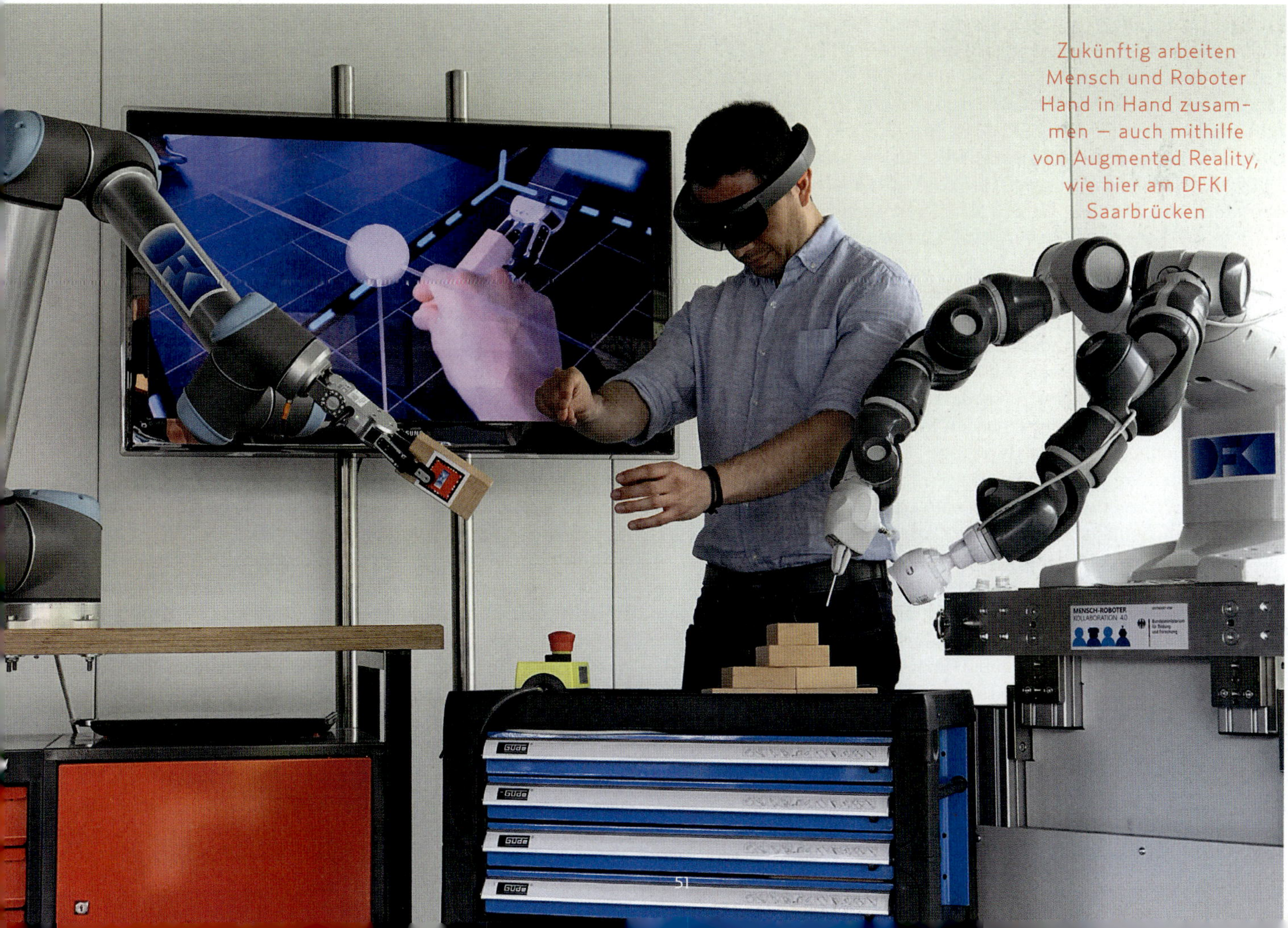

Zukünftig arbeiten Mensch und Roboter Hand in Hand zusammen – auch mithilfe von Augmented Reality, wie hier am DFKI Saarbrücken

Roboter sollen auch soziale Aufgaben in einem Unternehmen übernehmen, sagt Schwartz. Auf den Zuruf „Bring mir eine Cola“ setzt sich Roboter „Mobi Pick“ in Bewegung; er fährt autonom übers Gelände, lässt sich von einem Greifarm mit einer Flasche beladen und liefert das Getränk beim Besteller ab. Allerdings hat die sprachgesteuerte Bedienung noch ihre Probleme: An diesem Tag braucht der Roboter drei Versuche, um den Befehl richtig zu verstehen. „Kommunikation ist für mich die Königsdisziplin der KI“, erklärt Schwartz. „Wir haben zwar Sprachassistenten, aber bislang kann ich mit denen trotzdem nicht wie mit einem Menschen kommunizieren.“

Die Effizienzsteigerung durch KI macht es wieder lukrativer, in Deutschland zu produzieren

Der Forscher sieht den Einsatz lernender Roboter langfristig eher im Mittelstand als in großen Unternehmen. Dort ließen sich mit ihnen Produktionsschritte schnell automatisieren – zu geringen Kosten im unteren fünfstelligen Bereich. „Gerade wenn sich jemand selbstständig machen will, hat er dadurch in der Anfangsphase ein geringeres finanzielles Risiko, als wenn er gleich zu Beginn mehrere Mitarbeitende einstellen muss.“

Denkt man die Entwicklung weiter, stellt sich die Frage, wie lange Menschen überhaupt noch in Fabriken arbeiten werden. „KI kann den Menschen nicht vollständig ersetzen. Sie kann jedoch seine Fähigkeiten durch zusätzliche Sinne ergänzen“, sagt Ruskowski vom DFKI Kaiserslautern. „KI wird von vielen gleichgesetzt mit echter menschlicher Intelligenz. Das ist sie nicht. Vielmehr ist sie ein großer Methodenbaukasten der Informatik, aus dem für den jeweiligen Anwendungsfall die richtigen Komponenten ausgewählt werden müssen.“

Mantraartig wiederholen die KI-Forscher, dass es ihnen auf keinen Fall darum gehe, die menschliche Arbeitskraft komplett zu ersetzen. Auf Nachfrage folgt jedoch das Eingeständnis, dass die verbleibenden und neu entstehenden Jobs in der Produktion wohl weit komplexer würden als heutige Tätigkeiten. Einfache Aufgaben, die man ohne langwierige Ausbildung bewältigen kann, wird es immer weniger geben – und auf lange Sicht vermutlich gar nicht mehr. Die Angst, dass Arbeitsplätze wegrationalisiert werden, ist nicht unbegründet.

Deutschland ist in der industriellen Produktion nach wie vor stark – mithilfe von KI lassen sich Effizienz und Produktivität gerade hier noch weiter steigern. Zugleich bietet die Industrie 4.0 längst verloren geglaubte Chancen. Lange Zeit galt der Trend als unumkehrbar, dass heimische Fabriken nach Osteuropa und Asien verlagert werden – nun lässt sich eine Gegenbewegung beobachten: „Dank der auch durch den Einsatz von KI bedingten Effizienzsteigerungen wird es wieder lukrativer, in Deutschland zu produzieren“, sagt Ruskowski. Demnach komme auf drei verlagerte Arbeitsplätze schon wieder ein Arbeitsplatz aus China nach Deutschland zurück. Die Rückverlagerung der Produktion – das *Reshoring* – wird durch stetig steigende Lohnkosten in den Schwellenländern, vor allem in China, noch begünstigt.

Doch ist Deutschland überhaupt schon fit genug für KI? „Es gibt Nachholbedarf in der Ausbildung. China bringt das Thema Künstliche Intelligenz schon Vorschülern nahe. In Deutschland gilt jemand, der Informatik studiert hat, immer noch als Nerd“, beklagt Ruskowski. „Dabei wird ein Grundverständnis der Informatik für kommende Generationen wohl zwingend erforderlich sein“. Nur so könnten sich Deutschland und Europa im weltweiten Wettlauf um die KI-Dominanz behaupten.

Können hiesige Firmen zukünftig überhaupt noch ohne den Einsatz künstlich intelligenter Systeme bestehen? „Ich bin nicht der Meinung, dass jeder Mittelständler, der noch keine KI eingesetzt hat, dem Tode geweiht ist“, sagt Mario Brandenburg, Sprecher für Forschung, Technologie und Innovation der FDP-Bundestagsfraktion und einer der ganz wenigen Informatiker im Bundestag. Aber zumindest den Einstieg in die Digitalisierung, etwa im Rechnungswesen, sollten nun auch die letzten Betriebe angehen. Erst langsam habe die Wirtschaft gemerkt, dass hier ein großer Umbruch stattfinde. „Das Bewusstsein, dass man aus Daten einen Mehrwert schaffen kann, ist recht spät im Mittelstand angekommen. Dafür sehen wir mittlerweile eine wahre Aufholjagd in Deutschland.“

Brandenburg sieht auch beim Übergang von der Forschung zur Praxis noch Luft nach oben. In Deutschland sei die Grundlagenforschung in KI und Robotik exzellent, doch der Weg hin zur Anwendung müsse vereinfacht werden. Ein zweites Google werde hierzulande wohl kaum entstehen, aber es sei absolut möglich, auf bestimmten Gebieten eine globale Spitzenposition zu erobern oder zu behalten. Gerade da Deutschland stark im Maschinenbau ist, könnte das Land eine führende Rolle einnehmen, Maschinen ans Internet der Dinge anzuschließen. „Wenn wir unsere Versäumnisse bei der Digitalisierung aufholen, sehe ich sehr vielversprechende Geschäftsmodelle für den deutschen Markt“, sagt Brandenburg.

Der Politiker denkt dabei an Innovationen *made in Germany* – wie jene des sächsischen Unternehmens „Wandelbots“. Es hat sich zum Ziel gesetzt, individuell anpassbare Robotik-Anwendungen auch kleinen und mittleren Unternehmen zu ermöglichen, die in der Regel kaum Erfahrungen damit haben. Diese könnten so auch den vorherrschenden Fachkräftemangel etwas abfedern.

Das Beispiel zeigt: Die Zukunft gehört nicht nur denen, die Künstliche Intelligenz in ihrer Firma einsetzen, sondern vor allem jenen, die KI-Systeme erschaffen und verkaufen und so die Industrie der Zukunft formen.

IMPRESSUM

GRUNER + JAHR DEUTSCHLAND GMBH, AM BAUMWALL 11, 20459 HAMBURG

POSTANSCHRIFT DER REDAKTION: BRIEFFACH 24, 20444 HAMBURG.
TELEFON: 0049/40/37 03 20 84, E-MAIL: BRIEFE@GEOKOMPAKT.DE
INTERNET: WWW.GEOKOMPAKT.DE

CHEFREDAKTION: Jens Schröder, Markus Wolff
REDAKTIONSLEITUNG: Meike Kirsch (Reise), Christiane Löll, Jürgen Schaefer (Wissen), Katharina Schmitz (Natur und Nachhaltigkeit), Joachim Telgenbüscher (Geschichte)
VISUAL DIRECTION: Andreas Pufal
INNOLAB: Margitta Schulze Lohoff
STELLV. VISUAL DIRECTION (FOTOGRAFIE): Lars Lindemann
MANAGING DESIGNER: Arne Kluge (P.M.), Torsten Laaker (GEO Wissen, GEOkompakt), Tatjana Lorenz (GEO Epoche), Eva Mitschke (GEO Saison), Daniel Müller-Grote (GEO)
TEXTLEITUNG: Stephan Draf, Birte Lindlahr, Katharina Priebe
REDAKTIONSGESCHÄFTSFÜHRUNG: Maike Köhler, Bernd Moeller
LTG. DIGITALE MAGAZINE/SONDERPRODUKTE: Rainer Droste
TEXTREDAKTION: Jörg-Uwe Albig, Jörn Auf dem Kampe, Klaus Bachmann, Jens-Rainer Berg, Kirsten Bertrand, Insa Bethke, Tilman Botzenhardt, Ina Brzoska, Dr. Anja Fries, Marlene Göring-Kruse, Gesa Gottschalk, Rainer Harf, Lara Hartung, Gunnar Herbst, Maria Kirady, Diana Laarz, Fred Langer, Barbara Lich, Dr. Mathias Mesenhöller, Theresa Palm, Dr. Vivian Pasquet, Ines Possemeyer, Samuel Rieth, Nora Saager, Martin Scheufens, Katja Senjor, Iona Marie Schlußmeier, Claus Peter Simon, Johannes Teschner, Bertram Weiß, Sebastian Witte
ABENTEUER & EXPEDITIONEN: Lars Abromeit
REDAKTEUR FÜR BESONDERE AUFGABEN: Siebo Heinken
BILDREDAKTION: Julia Franz, Mareile Fritzsche, Christian Gargerle, Christian Gogolin, Anja Jöckel, Frauke Körting, Chantal Alexandra Pilsl, Roman Rahmacher, Jochen Raiß, Carla Rosorius, Trixi Rossi, Simone Thürnau, Katrin Trautner, Carina Weirauch
GRAFIK: Sharare Amirhassani, Ulrike Darwisch, Dennis Gusko, Anja Klingebiel, Jan Krummrey, Christina Schäfer, Christina Stahlke, Frank Strauß, Nele Wiewelhove
KARTOGRAFIE: Stefanie Peters
CHEF VOM DIENST/KOORDINATION: Ralf Schulte
QUALITY BOARD – VERIFIKATION, RECHERCHE, SCHLUSSREDAKTION: Leitung: Tobias Hamelmann, Norbert Höfler. Stellvertreterin: Melanie Moenig
Sven Barske, Elke v. Berkholz, Lenka Brandt, Regina Franke, Hildegard Frilling, Dr. Götz Froeschke, Thomas Gebauer, Susanne Gilges, Cornelia Haller, Dagny Hildebrandt, Sandra Kathöfer, Judith Ketelsen, Petra Kirchner, Dirk Krömer, Michael Lehmann-Morgenthal, Jeanette Langer, Dirk Liedtke, Kirsten Maack, Jörg Melander, Andreas Mönnich, Adelheid Molitoris, Susan Molkenbuhr, Alice Passfeld, Christian Schwan, Andreas Sedlmair, Stefan Sedlmair, Olaf Stefanus, Bettina Süssemilch, Torsten Terraschke, Antje Wischow
ASSISTENZ DER CHEFREDAKTION/REDAKTIONSASSISTENZ: Ümmük Arslan, Judith Swiderek, Silvia Wieking
HONORARE/SPESEN: Angelika Györffy, Heidi Hensel, Daniela Klitz, Katrin Schäfer, Carola Scholze, Katrin Ullerich, Andrea Zysno
GEO.DE: Leitung: Julia Großmann, Jan Henne
Redaktion: Peter Carstens, Jaane Christensen (Bildredaktion), Solvejg Hoffmann, Malte Joost
GEO PLUS: Leitung: Jan Henne. Verantwortlicher Redakteur: Jörn Auf dem Kampe
Redaktion: Dr. Stefanie Maeck, Manuel Opitz, Matthias Thome, Franziska Türk, Bertram Weiß
VERANTWORTLICH FÜR DEN REDAKTIONELLEN INHALT: Jens Schröder, Markus Wolff
HEAD OF PUBLISHING: Frank Thomsen, Julian Kösters (Stellvertreter)
PUBLISHING MANAGEMENT: Patricia Hildebrand, Svenja Urbach, Eva Zaher
DIGITAL BUSINESS DIRECTION: Julian Kösters
SALES DIRECTION: Franziska Bauske, Betsy Edakkamannil, Sarah Engelbrecht, DPV Deutscher Pressevertrieb
MARKETING DIRECTION: Sandra Meyer, Frank Thomsen
MARKETING MANAGEMENT: Pascale Victoir
PRESSE- UND ÖFFENTLICHKEITSARBEIT: Xenia El Mourabit
HERSTELLUNG: G+J Herstellung, Heiko Belitz (Ltg.), Oliver Fehling
LIZENZEN: BRANDS Licensing by G+J: Siegel und Sonderdrucke, Koordination: Petra Martens, E-Mail: feldmann.luisa@guj.de
VERANTWORTLICH FÜR DEN ANZEIGENTEIL: Petra Küsel, Head of Brand Print + Direct Sales, Ad Alliance GmbH, Am Baumwall 11, 20459 Hamburg.
Es gilt die jeweils aktuelle Preisliste unter www.ad-alliance.de

Bankverbindung: Deutsche Bank AG Hamburg,
IBAN: DE30 2007 0000 0032 2800 00, BIC: DEUTDEHH
ISSN: 0933-9736
Druckvorstufe: Mohn Media Mohndruck GmbH, Gütersloh
Druck: appl druck GmbH, Wemding
GEOkompakt wird auf chlorfrei gebleichtem Papier gedruckt.
Die Papierfasern stammen aus nachhaltiger Waldbewirtschaftung.
Die Nachhaltigkeit ist nach ISO 14001 zertifiziert.

USA: GEO kompakt (German) (USPS no 00011476) is published by Gruner+Jahr Deutschland GmbH. Known Office of Publication: Data Media (A division of Cover-All Computer Services Corp.), 2221 Kenmore Avenue, Suite 106, Buffalo, NY 14207-1306. Periodicals postage is paid at Buffalo, NY 14205. Postmaster: Send address changes to GEO (German), Data Media, P.O. Box 155, Buffalo. NY 14205-0155, E-Mail: service@roltek.com, Toll free: 1-877-776-5835
Kanada: Sunrise News, 47 Silver Shadow Path, Toronto, ON, M9C 4Y2, Tel. + 1 647-219-5205, E-Mail: sunriseorders@bell.net

GEO-LESERSERVICE

ABONNEMENT- UND EINZELHEFTBESTELLUNG
ONLINE-KUNDENSERVICE: www.geo.de/kundenservice
POSTANSCHRIFT: GEOkompakt-Kundenservice, 20080 Hamburg, Tel.: 0049/40/5555 89 90
SERVICE-ZEITEN: Mo–Fr 7.30–20 Uhr, Sa 9–14 Uhr

PREIS JAHRESABONNEMENT:
44,00 € (D), 50,00 € (A), 74,40 sfr (CH);
Preise für weitere Länder auf Anfrage erhältlich.

BESTELLADRESSE FÜR GEO-BÜCHER, GEO-KALENDER, SCHUBER ETC.:
GEO-Versand-Service, 74569 Blaufelden
Tel.: 0049/40/422 36 427

BILDNACHWEIS

Anordnung im Layout: l. = links, r. = rechts, o. = oben, m. = Mitte, u. = unten

TITEL *DigitalVision / Getty Images*

EDITORIAL *Andreas Pufal*

INHALT *siehe entsprechende Seiten*

BILDESSAY: GROSSER SPRUNG NACH VORN
Josh Reynolds / AP/ picture alliance: 6, Science Photo Library / Imago: 8/9; Solvin Zankl / Nature Picture Library: 10/11; PACUNAM / Estrada-Belli / MARI-GISLAB: 12/13; Robert Jaeger / APA / picture alliance: 14/15; Ralf Kaehler & Ethan Nadler / SLAC National Accelerator Laboratory: 16/17; Nasjonalmuseet Oslo / Art Recognition: 18/19

ERWACHEN EINER NEUEN ART
Hardy Müller: 20/21, 22, 25-30; Ex-Press / Imago: 23; Cover Images / IMAGO: 24

WIE FUNKTIONIERT KÜNSTLICHE INTELLIGENZ
Getty Images: 32-36; Tim Wehrmann: 39

SENSOREN FÜR DIE SEELE
Katharina Gschwendtner: 40-45

REVOLUTION IN DEN FABRIKEN
E+ / Getty Images: 46/47; Alexander Sell / SmartFactory-KL: 48/49; Annemarie Popp / DFKI: 50; DKFI: 51; Cooper Pics / Alamy: 51

KOLLEGE ODER KONKURRENT?
Karl Thomas / dpa Picture-Alliance: 54; Rogan Macdonald / Getty Images: 55; KUKA: 56

HALLO, VERSTEHST DU MICH?
Amanda Cotton/The Dominica Sperm Whale Project: 58/59, 61, Jennifer Modigliani/The Dominica Sperm Whale Project: 60; BBC 62/63; The Dominica Sperm Whale Project: 64; Tim Wehrmann: 65; Patrick Dykstra/The Dominica Sperm Whale Project: 66; Dalhousie University: 67; David Gruber/CETI: 68

INTERVIEW LORENA JAUME-PALASÍ
Felix Brüggemann: 71-75

DAS ÖFFNEN DER BLACK BOX
TU BerlIn / Bildbearbeitung: Tim Wehrmann: 74-79

KÜNSTLICHE KUNST
Mario Klingemann. Courtesy of Colección SOLO: 81, 84 l.; Mario Klingemann / Courtesy of the artist: 82/83; Gianfranco Tripodo: 84 r., 85, 86

GEDANKEN WERDEN KRAFT
David Vintiner: 88; Florian Voggeneder / g.tec medical engineering: 89; Sandra C.Roa / USF: 90, Spencer Kellis und Christian Klaes / Caltech: 91; Kamitani Lab: 92; Neuralink / Ferrari Press / ddp: 93 o.; Axel Kock: 93 u.; TU GRAZ: 94, 95

VOM GESCHÖPF ZUM SCHÖPFER
World History Archive / Prisma Bildagentur: 96/97; Keith Corrigan / Mauritius Images: 98; Bridgeman Images: 99 l. und 99 m.; Science History Images / Alamy: 99 r.; KHARBINE-TAPABOR / Imago: 100; The Picture Art Collection / Mauritius Images: 101

BILDESSAY: DIE GRENZEN DES KÖRPERS ÜBERWINDEN
David Vintiner: 102-110

INTERVIEW SAMI HADDADIN
Isabel Winarsch: 112-126; Kurt Bauer / TU München: 114 o.

VON DER NATUR LERNEN
Festo: 118-123

MASCHINEN AUS FLEISCH UND BLUT
Karaghen Hudson: 124/125; Shoji Takeuchi / University of Tokyo: 126; Tony Luong/ The NewYorkTimes/Redux/laif: 127, 128 o.; Karaghen Hudson und Michael Rosnach / dpa picture-alliance: 128 u.; Douglas Blackiston und Sam Kriegman / University of Vermont: 129

ÜBER DEN TOD HINAUS
Isadora Kosofsky: 132-138

ZWISCHEN UTOPIE UND DYSTOPIE
Mario Wagner: 140-145

Kollege oder

Maschinen erledigen viele Aufgaben schneller, billiger und genauer als Menschen. **Nehmen sie uns die Jobs weg?**

Text: **Christian Schwägerl**

Laut »Job-Futuromat« könnten Maschinen schon heute die Arbeit von Bäcker*innen zu hundert Prozent übernehmen. Doch ob der Beruf verschwindet, liegt auch an der Kundschaft – wenn sie künftig menschliche Handarbeit bevorzugt

Konkurrent?

Als **Mikio Braun** begann, sich mit Künstlicher Intelligenz zu beschäftigen, hätte er nicht gedacht, dass er eines Tages helfen würde, bauchfreie Tops und schicke Herrenhosen zu verkaufen. Mehr als zehn Jahre hatte der Mathematiker und Informatiker zu Datenanalyse geforscht. Dann kam das Jobangebot von Zalando, einem der großen Online-Shops für Kleidung und Schuhe.

Mehrere Jahre half Braun bei Zalando, KI in fast alle Abläufe des Modeunternehmens zu integrieren. Das Geschäft von Zalando wächst schnell. Ging es 2018 noch darum, rund 26 Millionen Kund*innen aus einem Sortiment von rund 400 000 Artikeln zu bedienen, sind es inzwischen mehr als 48 Millionen Kund*innen und 1,4 Millionen verschiedene Produkte.

KI-Systeme helfen, die Lager des Unternehmens zu bestücken und vorauszuberechnen, welche Kleidung mit größter Wahrscheinlichkeit wann gekauft wird und deshalb nachbestellt werden muss.

Überraschender als der Einsatz von Algorithmen in der Logistik ist, dass sie die Kundschaft auch beraten sollen. „Angefangen hat es mit den Empfehlungen, die die Kundschaft auf unserer Seite für einzelne Artikel bekommen“, sagt Braun. Das Problem, das es zu lösen gilt: Kleidungsstücke, die Interessierte vor ein paar Wochen gefallen haben, sind in der schnelllebigen Modewelt wenig später gar nicht mehr im Sortiment. Wie lassen sich die Empfehlungen dann aktualisieren?

„Durch maschinelles Lernen anhand von Bildern und anderen Datenquellen erkennen die KI-Systeme Ähnlichkeiten zwischen verschiedenen Kleidungsstücken und passen die Empfehlungen für die Kundschaft entsprechend an, wenn ihre ursprünglichen Favoriten nicht mehr lieferbar sind“, erklärt Braun. Zalando bietet zudem schon länger einen „Algorithmic Fashion Companion“ an, der den Menschen ganze Outfits zusammenstellt.

Der »Job-Futuromat« des Instituts für Arbeitsmarkt- und Berufsforschung (*job-futuromat.iab.de*) gibt an, wie viele Tätigkeiten eines Berufs sich bereits automatisieren lassen. Demnach müssen sich Friseur*innen keine Sorgen machen

Mikio Braun arbeitet inzwischen wieder als Forscher und freiberuflicher Berater. Er hat einen ganz klaren Eindruck mitgenommen: Der Trend, ganze Unternehmen mit Systemen Künstlicher Intelligenz zu steuern, setzt sich durch.

Doch wenn die KI kommt: Müssen dann Menschen gehen? Viele haben Angst, ihren Arbeitsplatz an Maschinen abtreten zu müssen. Die Sorge grassiert längst nicht mehr nur bei Fließbandarbeiterinnen, die durch Roboter ersetzt werden, oder bei Lkw-Fahrern, die von autonomen Fahrzeugen abgelöst werden könnten.

Auch manch hoch spezialisierte Person mit Hochschulabschluss zittert. So ist ein Großteil des juristischen Alltags reine Fleißarbeit: das Extrahieren der wenigen für eine juristische Frage relevanten Informationen, um jene in Beziehung zu setzen zu einem strikten Gerüst aus Geboten und Verboten, wobei die Normen und Gesetze nach strenger Logik aufgebaut sind. Genau in solchen Aufgaben liegt die Stärke von KI.

Oder: Wenn ein Computer den Krebs auf Röntgenbildern einwandfrei erkennt, wozu braucht es noch Radiologen? Welche Jobs sind überhaupt noch sicher, wenn KI sich sogar in solch unbeständigen Welten wie der der Mode breitmacht?

Fachleute erwarten große Umbrüche: Digitalisierung und Automatisierung könnten den Arbeitsmarkt drastisch verändern. Das extremste Szenario präsentiert der schwedische Philosoph Nick Bostrom von der University of Oxford: Beschäftigten drohten nicht nur Lohnkürzungen und Degradierung, schreibt Bostrom in seinem Buch „Superintelligenz". Sondern ihnen drohte jenes Schicksal, das Pferde am Übergang vom Kutschenzeitalter zur automobilen Welt ereilte – sie wurden schlicht überflüssig.

Allerdings gehen die Prognosen weit auseinander. Forschende aus Oxford warnten 2013 vor einem Risiko für 47 Prozent der Jobs in den USA. Neuere Studien etwa der OECD kommen auf weit niedrigere Werte: 14 Prozent der Jobs drohten durch KI wegzufallen, heißt es in einer Studie der Organisation von 2019.

Das wäre aber immer noch für sehr viele Menschen eine persönliche Krise. Oliver Suchy müssten solche Prognosen von Berufs wegen alarmieren: Er leitet die Abteilung Digitale Arbeitswelten beim Deutschen Gewerkschaftsbund, der gemeinsamen Interessenvertretung von rund sechs Millionen Arbeitnehmenden in Deutschland. Dabei berät er den Bundestag und verschiedene Bundesministerien beim Thema Digitalisierung.

Doch mit den düsteren Prognosen konfrontiert, bleibt Suchy zurückhaltend. „Bei allem Respekt vor der Wissenschaft, aber die viel zitierten disruptiven Veränderungen, wie sie von KIs kommen sollen, erleben wir im Hier und Heute durch den Krieg in der Ukraine, die Klimakrise, Fragen der Energiesicherheit und die Corona-Pandemie", sagt er.

Statt Künstliche Intelligenz zur Liste der Bedrohungen hinzuzufügen, solle man besser überlegen, wie sie sich positiv nutzen lasse. „Wir müssen die *German angst* überwinden und aus der digitalen Starre herauskommen", sagt Suchy. So sieht er zum Beispiel in der Klimapolitik die Chance, Digitalisierung und KI für eine Abkehr von fossilen Brennstoffen einzusetzen. Von der Steuerung einzelner Windanlagen bis zum Management komplexer Stromnetze könne Künstliche Intelligenz erneuerbaren Energien zum endgültigen Durchbruch verhelfen. „Wir müssen schneller digitaler werden, um die Klimaziele besser erreichen zu können", sagt der DGB-Experte. Das könne auch als Jobmotor wirken.

Wer die Chancen Künstlicher Intelligenz nicht vorausschauend nutze, ver-

Wo immer Roboter werkeln, braucht es auch zukünftig Menschen – um sie anzuleiten und zu kontrollieren

passe Chancen, Arbeit durch Hightech humaner zu machen und wirtschaftlich obenauf zu bleiben. Wer den Prozess nicht aktiv gestalte, beschwöre eine planlose Rationalisierungswelle durch digitale Automatisierung herauf. „Ich sehe das größte Risiko durch die Digitalisierung am Arbeitsmarkt darin, dass Unternehmen den Anschluss verlieren, wodurch nicht vereinzelte Arbeitsplätze bedroht sind, sondern ganze Belegschaften", sagt Suchy. Es gehe jetzt um die Wertschöpfung der Zukunft – da dürfe man nicht zu sehr am Alten festhalten.

Auch andere Fachleute sehen die düsteren Prognosen, wie viele Arbeitsplätze durch KI verschwinden, skeptisch. „Alle Studien dieser Art haben als Grundannahme, dass Routinearbeiten technisch ersetzbar sind", sagt die Arbeitssoziologin Sabine Pfeiffer von der Universität Erlangen-Nürnberg. Ihre Untersuchungen in Unternehmen kommen aber zu einem ganz anderen Ergebnis. So heiße es oft, Chemikant*innen, die Anlagen für chemische Erzeugnisse überwachen und steuern, würden durch Computer ersetzt. Doch gerade dieser Beruf gelte in der Branche als unverzichtbar, weil die Prozesse technisch hoch anspruchsvoll seien. Hinter den fatalistischen Studien steckten laut Pfeiffer „bildungsbürgerliche Vorurteile" darüber, wie viel – oder eben: wie wenig – Expertise für nicht akademische Arbeitsfelder nötig sei.

Pfeiffer will aber auch keine totale Entwarnung geben: Der digitale Wandel werde nicht komplikationslos vonstattengehen. „Die Wahrscheinlichkeit, dass Grundlegendes schiefgeht", sei groß. Sie fordert, die KI-Debatte anders zu führen: Die Herausforderung sei nicht Massenarbeitslosigkeit, sondern eine radikal andere Arbeitswelt mit ganz eigenen, bislang unbekannten Risiken.

Die Soziologin erzählt von einem Start-up, das die Stimmen von Mitarbeitenden in Callcentern per KI auf Anzeichen einer Depression untersucht. „Stellen Sie sich vor, jemand verliert deshalb seinen Job oder bekommt den nächsten nicht, weil es in seiner Akte steht." Was Firmen über Beschäftigte wie ermitteln dürfen, müsse neu ausgehandelt werden, fordert auch DGB-Experte Suchy.

Eine weitere Frage ist, ob KI-Systeme die neuen Bosse sind oder eher Assistenten. Was passiert, wenn die KI zu einem Ergebnis kommt, die menschliche Expertin aber aufgrund ihrer Erfahrung zu einem anderen? „Die Gefahr ist groß, dass wir dann zu blauäugig der Technologie glauben", sagt Pfeiffer. Wie beim Beispiel des Chemikanten bräuchte KI menschliche Aufpasser, Kuratoren quasi, die sicherstellen, dass die komplexe Technik richtig zum Einsatz kommt. Allein das widerspricht schon der These drohender Massenarbeitslosigkeit.

Entscheidend sei zudem, Beschäftigte von Anfang an einzubinden, wenn Unternehmen in KI einsteigen. „Sonst wird die Technologie nicht akzeptiert, falsch benutzt oder gegen die Interessen der Mitarbeitenden eingesetzt", sagt Suchy. Am wichtigsten seien gute Statistikkurse für das Management, sagt Pfeiffer: „KI wird oft naiv eingesetzt, und das kann richtig teuer oder bei Produktionsanlagen sogar gefährlich werden."

Wird KI im Journalismus angewandt?

Laut einer aktuellen Studie der beiden US-Forscherinnen Kothari und Cruikshank »*setzen Nachrichtenredaktionen weltweit verschiedene Formen der Künstlichen Intelligenz als Teil des Nachrichtenerfassungs-, -produktions- und -verbreitungsprozesses ein. Vor allem westliche Länder und China sind führend bei der Innovation von KI in Nachrichtenredaktionen – sie testen Technologien wie maschinelles Lernen, automatisierte Inhaltserstellung und -moderation sowie Sprache-zu-Text-Programme.*« Tatsächlich übersetzte die GEO-Redaktion dieses Zitat aus der wissenschaftlichen Zeitschrift »African Journalism Studies« mithilfe von Künstlicher Intelligenz des Kölner Onlinedienstes Deepl.com. Die inhaltlichen Fakten wurden jedoch von Verifikationsredakteur ***Götz Froeschke*** auf ihre Korrektheit überprüft.

»Kollege oder Konkurrent« wurde vom GEO-eigenen Quality Board einem Faktencheck unterzogen

DGB-Experte Suchy führt als gelungenes Beispiel den Getränkeproduzenten Aqua Römer an, bei dem eine KI-Software namens „Mary" alle Abläufe steuert und die Beschäftigten vom Lageristen bis zur Lkw-Fahrerin per Computerstimme dirigiert. Das kann so weit gehen, dass „Mary" detektiert, wenn ein Mitarbeiter am Vorabend zu viel getrunken hat und dadurch das Unfallrisiko am Arbeitsplatz steigt. Der Betriebsrat hat dem Einsatz der KI zugestimmt – aber nur unter der Bedingung, dass die KI keine Verhaltens- und Leistungskontrolle vornimmt und keine arbeitsrechtlichen Konsequenzen zu befürchten sind.

V**iele Berufe werden** sich ändern, einige werden tatsächlich wegfallen. Bei Zalando machte das bereits Schlagzeilen. 2018 hat die Zalando-Spitze 250 Arbeitsplätze im Digitalmarketing abgebaut. Wenn KIs Nachrichten an die Kundschaft schreiben und versenden, um diese zum Kaufen zu bewegen, braucht es weniger Menschen, um sich flotte Sprüche auszudenken. Seither stellt Zalando bevorzugt Menschen an, die programmieren können – und brauchte, um seinen Umsatz in rund fünf Jahren um rund hundert Prozent zu erhöhen, nur rund dreizehn Prozent mehr Angestellte.

Bei den gegenwärtigen und zukünftigen Umbrüchen werden Menschen auf der Strecke bleiben. Die Vorsitzende des Digitalrats der Bundesregierung, Katrin Suder, warnt daher davor, diese „digital Gestrandeten" zu vergessen. Job weg, aber kein Ersatz in Sicht – das birgt sozialen Sprengstoff. Ob Fließbandarbeiter oder Rechtsanwältin: Menschen müssten in die Lage versetzt werden, sich beruflich auf die Folgen schneller Digitalisierung einstellen oder ganz neu aufstellen zu können.

Der beruflichen Weiterbildung kommt daher eine zentrale Rolle zu. Der Digitalrat der Bundesregierung fordert, dass jeder Mensch in Deutschland zur Digitalisierung fortgebildet wird, so wie es in Finnland bereits der Fall sei. Das sei nur „mit zentraler Verantwortung" möglich, „mit entsprechenden Finanzmitteln und vor allem mit dem Willen, das jetzt zu gestalten", sagt Suder. Nötig sei „ein Wumms", damit Menschen beim digitalen Wandel mitkommen.

»HALLO!

Text: **Christoph Drösser**

Mit Künstlicher Intelligenz wollen Forschende endlich einen Menschheitstraum verwirklichen: die Sprache der Tiere verstehen

DU

VERSTEHST

Pottwale produzieren kurze Sequenzen von Klicklauten, die Codas, mit denen sie untereinander auch über längere Strecken kommunizieren

MICH?«

Ein Team von Forschenden untersucht im »Dominica Sperm Whale Project« seit 17 Jahren die Pottwale der Karibik. Dafür nimmt es auch deren Codas auf

„Ich weiß nicht viel über Wale", sagt Michael Bronstein, „ich habe noch nie einen Wal von Nahem gesehen." Bronstein scheint kein idealer Kandidat zu sein, um die Kommunikation von Pottwalen zu ergründen. Doch der israelische Informatiker vom Imperial College in London bringt etwas mit, das Fachleute aus der Biologie meist nicht besitzen: Erfahrung mit maschinellen Lernverfahren.

Zusammen mit Wissenschaftlerinnen und Wissenschaftlern aus verschiedenen Fachbereichen hofft Bronstein, die Sprache der Meeressäuger zu entschlüsseln. Wenn das interdisziplinäre Projekt Erfolg hat, könnten Menschen erstmals belauschen, worüber Tiere sich unterhalten – und vielleicht sogar mit ihnen kommunizieren.

Die Idee zu dem Projekt entstand 2017, als Forschende aus verschiedenen Ländern ein gemeinsames Jahr an der Harvard University in den USA verbrachten. Dort konnten sie sich mit Projekten beschäftigen, die über ihre gewöhnliche wissenschaftliche Routine hinausging.

Der Biologe David Gruber der City University of New York überlegte damals, ob und wie sich die Knacklaute von Pottwalen näher erforschen ließen – sein Kollege Shane Gero hatte diese in großer Zahl in den Gewässern rund um die Karibikinsel Dominica aufgenommen. Im Vergleich zu den berühmten Gesängen der Buckelwale, die man auf Meditations-CDs hören kann, klingen die Laute der Pottwale erheblich sperriger: Sie erinnern eher an Morsezeichen oder das Knattern eines fehlerhaften elektronischen Bauteils. Die Wale benutzen ihre Stimme unter anderem als Echolot zur Orientierung im Meer. Bleibt zu klären, ob sie einander auch etwas zu sagen haben.

In Harvard traf der Biologe Gruber auf den Informatiker Bronstein, der dort ebenfalls ein Sabbatical verbrachte. Als dieser das Geknatter hörte, klang es für ihn wie ein digitaler Code – womit die Tierlaute unverhofft in seinen Fachbereich fielen. Bronstein beschäftigte sich gerade mit den neuesten Entwicklungen in der Verarbeitung von Sprache – menschlicher Sprache, wohlgemerkt. Doch warum sollte man nicht auf gleiche Weise Tierlaute analysieren können? Zusammen initiierten Bronstein und Gruber

WORÜBER SPRECHEN WALE? ÜBER NAHRUNG? ODER ÜBER DIE AUFZUCHT IHRES NACHWUCHSES?

Pottwale schlafen im Schutz ihrer Familie. Da ihr Vorderkörper eine geringere Dichte hat, schweben sie bei ihren Nickerchen vertikal im Wasser

das Projekt Ceti: „Cetacean Translation Initiative“, zu Deutsch „Wal-Übersetzungs-Initiative“.

Pottwale senden ihre Knacklaute nicht kontinuierlich, sondern in kurzen „Salven“ von ein paar Sekunden Länge. Forschende nennen diese „Codas“. Ob diese Codas einzelne Wörter oder Sätze sind, darauf könnten maschinelle Lernverfahren Antworten liefern. Denn die Lernverfahren sind darauf spezialisiert, Muster in großen Datenmengen zu finden. Bronstein probierte solche Algorithmen an Shane Geros Wal-Aufnahmen aus. Die Sache sieht vielversprechend aus – offenbar sind die Laute nicht rein zufällig, sondern besitzen eine Struktur.

Doch können wir deshalb davon ausgehen, dass die Pottwale eine Sprache haben? Nutzen Tiere überhaupt eine Sprache? Sind ihr Bellen, Miauen, Schnattern, Quaken, Zirpen, Röhren mehr als nur simple Lautäußerungen? Auf diese Frage gibt es widerstreitende Antworten.

Manche halten Sprache für eine der letzten Bastionen menschlicher Einzigartigkeit. Etwa der Linguist Steven Pinker, der glaubt, dass nur Menschen mit einem „Sprach-Instinkt“ auf die Welt kommen. In seinem gleichnamigen Buch beschreibt er, dass sich unsere komplexe Sprache grundlegend von der simplen Kommunikation der Tiere unterscheide. Dieser Meinung war auch der Verhaltensbiologe Konrad Lorenz, der viel mit Tieren kommunizierte und 1949 darüber ein Buch schrieb („Er redete mit dem Vieh, den Vögeln und den Fischen“). Lorenz sagte lapidar: „Eine Sprache im eigentlichen Sinne des Wortes jedoch haben die Tiere nicht.“

Der in Erfurt lebende Meeresbiologe Karsten Brensing hingegen widerspricht: „Ich glaube eher, dass wir noch nicht genau genug hingeguckt haben.“ Brensing hat zwei Bücher über Tiersprachen geschrieben und ist überzeugt davon, dass sich die Kommunikation vieler Tiere durchaus als Sprache bezeichnen lässt.

Kommunikation muss nach wissenschaftlichem Konsens einige Minimalkriterien erfüllen, um als Sprache gelten zu können, erklärt Brensing: „Zu einer Sprache gehört zunächst einmal die Semantik: Bestimmte Lautäußerungen haben eine bestimmte Bedeutung, die sich nicht verändert.“

Dass Tiere über ein Vokabular verfügen, ist seit Langem bekannt. Der Eichelhäher beispielsweise beherrscht etwa 25 Rufe, von denen einige eine feste Bedeutung haben. Wenn die Tiere einander vor drohenden Gefahren warnen, können sie dabei zwischen unterschiedlichen Räubern differenzieren.

Ein zweites Kriterium ist die Grammatik, sagt Brensing: „Man muss in einer Sprache Sätze bauen können. Dieser Satzbau muss gewissen Regeln gehorchen.“

Nach tierischem Satzbau suchte man lange vergeblich. Doch 2016 veröffentlichte ein japanisches Forschungsteam in „Nature Communications“ eine Studie über Kohlmeisen: Die Vögel kombinieren in bestimmten Situationen zwei verschiedene „Wörter“, um sich gegenseitig vor Feinden zu warnen. Sie reagierten auf diesen „Satz“ auch, wenn ihnen Aufnahmen davon vorgespielt wurde. Wurde in den Aufnahmen jedoch die Reihenfolge der Rufe umgedreht, fiel die Reaktion viel schwächer aus. „Das ist Grammatik“, sagt Brensing.

Das dritte Kriterium: Sprache ist nicht vollständig angeboren, sondern zumindest in Teilen erworben. Konrad Lorenz glaubte noch, dass Tiere im Lauf ihres Lebens nicht viel dazulernten. Alle ihre Ausdruckslaute, „wie das Kja und Kjuh der Dohle, der viel- und der wenigsilbige Stimmfühlungslaut der Graugans“, seien mit unserer Wortsprache nicht vergleichbar – nur mit Stimmungsäußerungen wie Gähnen, Stirnrunzeln oder Lächeln. Inzwischen haben sich jedoch viele Tierarten als „vokale Lerner“ erwiesen: Sie erwerben neue Vokabeln, sie entwickeln sogar Dialekte. Vögel haben Handy-Klingeltöne in ihr Repertoire aufgenommen. Delfine wiederum lernen, sich mit einem individuellen Pfeifsignal zu erkennen zu geben – es wirkt fast wie ein Name.

KI ERLERNTE DIE MENSCHLICHE SPRACHE. KANN SIE DIE SPRACHE DER WALE DECODIEREN?

Ein Wal taucht zum Atmen auf. Der Biologe nutzt das Zeitfenster und bringt ein Unterwassermikrofon auf dem Rücken des Meeressäugers an

feln noch Grammatikregeln pauken. Die Wissenschaft bezeichnet das als „statistisches Lernen“: Das Kind registriert, dass das Wort „Hund“ häufig fällt, wenn die Fellnase zur Tür hereinkommt. Es lernt, dass bestimmte Wörter immer in einem bestimmten Zusammenhang verwendet werden und dass manche Wortkombinationen mit höherer Wahrscheinlichkeit auftreten als andere. In den vergangenen zehn Jahren entstanden Künstliche Neuronale Netze, die diese Form des Lernens imitieren (siehe „Wie funktioniert Künstliche Intelligenz?“, Seite 32). Sie erkennen Strukturen in Sprachen, ohne dass man ihnen irgendetwas über den Inhalt des Gesagten oder Geschriebenen mitteilt.

Übersichtliche Kommunikation wie die der Eichelhäher lässt sich noch mit herkömmlichen wissenschaftlichen Mitteln analysieren. Biologinnen und Biologen belauschen dazu die Tiere, stellen Hypothesen auf, welcher Laut was bedeuten könnte, und überprüfen ihre Vermutungen in Playback-Experimenten: Sie spielen den Tieren die Rufe vor und schauen, ob diese zum Beispiel die Flucht ergreifen, weil sie vor einem Feind gewarnt wurden.

Doch komplexere Sprachen – sollte es sie geben – erschließen sich nicht einfach durch geduldiges Zuhören. Man muss große Mengen der Lautäußerungen sammeln und analysieren. Zudem ist auch Kontext notwendig: In welchen Situationen geben die Tiere welche Laute ab?

Pottwale scheinen ideale Kandidaten für den Versuch einer Entschlüsselung zu sein. Zumindest auf den ersten Blick wirkt die Struktur ihrer Rufe einfach. Zudem tauchen Pottwale in die tiefsten Meerestiefen hinab und kommunizieren über große Entfernungen. Während bei anderen Tieren Körpersprache und Mimik wichtige Verständigungsmittel sind, ist es aufgrund der großen Distanz in Dunkelheit „realistisch anzunehmen, dass die Kommunikation der Wale hauptsächlich akustisch erfolgt“, sagt Bronstein.

Auch haben Pottwale das größte Gehirn im Tierreich, sechsmal so groß wie unseres. Wenn sich zwei von ihnen über längere Zeit miteinander austauschen, darf man wohl zu Recht vermuten, dass sie sich etwas zu sagen haben. Vielleicht geben sie sich Tipps zu den besten Fischgründen; vielleicht reden sie ähnlich wie menschliche Eltern über die Aufzucht ihres Nachwuchses. Aber wie lässt sich ihre mutmaßliche Sprache in unsere übersetzen? Schließlich existiert weder ein Wörterbuch „Mensch–Wal / Wal–Mensch“ noch ein Nachschlagewerk mit den Grammatikregeln der Pottwale.

Für die Entschlüsselung ist es hilfreich zu verstehen, wie Kinder ihre Muttersprache lernen. Es passiert von selbst: Weder müssen sie ein Wörterbuch büf-

d

Das bekannteste dieser Sprachmodelle, entwickelt von der Firma OpenAI, trägt den Namen GPT-3. Solche Sprachmodelle sind „Vervollständigungsmaschinen“: Gibt man ihnen einen Satz vor, spinnen sie den Text Wort für Wort weiter. Durch die statistische Verarbeitung riesiger Textmengen wissen sie nicht nur, welche Wörter häufig nebeneinander auftauchen – sie lernen auch nebenbei die Regeln des Satzbaus. Sprachmodelle formulieren grammatisch korrekte und inhaltlich plausibel klingende Sätze, und das oft in frappierend guter Qualität. Sie sind in der Lage, erfundene Meldungen zu einem vorgegebenen Thema zu verfassen, komplizierte juristische Texte in einfachen Worten zusammenzufassen und sogar in akzeptabler Qualität von einer Sprache in eine andere zu übersetzen. Auch wenn sich bei genauerem Hinschauen meist offenbart, dass GPT-3 nicht versteht, wovon es redet, dass seine Texte teils unsinnig sind, verblüfft doch, wie präzise es Kommunikation imitiert.

Mit Saugnäpfen haftet das Mikrofon an der Walhaut. Hat das Gerät genügend Codas aufgezeichnet, löst es sich und steigt zur Meeresoberfläche, wo Forschende es aufsammeln

Diese Leistung hat ihren Preis: Unvorstellbar große Datenmengen sind für das Training erforderlich. GPT-3 lernte anhand von etwa 175 Milliarden Wörtern aus dem Internet. Im Vergleich: Das Pottwal-Forschungsprogramm „Dominica Sperm Whale Project" von Shane Gero hat bislang weniger als 100 000 Pottwal-Codas gesammelt – nicht einmal ein Millionstel der Trainingsmasse von GPT-3. Die erste Anstrengung des Ceti-Projekts wird darin bestehen, diese Sammlung gewaltig zu vergrößern. Vier Milliarden Codas soll sie umfassen. Neu entwickelte Messgeräte werden dazu in den Gewässern rund um Dominica platziert. Im Sommer 2022 soll die Sammelei beginnen (siehe Kasten rechts).

Funktioniert Bronsteins Idee, ist analog zu GPT-3 ein Sprachmodell denkbar, das eigenständig neue Sätze – grammatisch und inhaltlich plausibel – in der Pottwalsprache erzeugt. Der nächste Schritt wäre ein interaktiver Chatbot, der mit frei lebenden Walen in Dialog zu treten versucht. Auch wenn niemand heute sagen kann, ob die Tiere ihn als Gesprächspartner akzeptierten: „Vielleicht würden sie auch nur antworten: Erzähl nicht so einen Unsinn!", sagt Bronstein.

Selbst wenn es funktionierte: Die Achillesferse aller maschinellen Sprachmodelle ist, dass sie erst einmal nichts über den Inhalt der Sprache wissen, in der sie so geschickt drauflosplappern. Sie verstehen selbst nicht, was sie sagen – und können es uns Menschen daher auch nicht übersetzen. Um die Wallaute in einen Kontext einzubetten, sollen die Sprachaufnahmen daher mit Daten zum Verhalten der Wale kombiniert werden – wo befanden sich die Tiere, wer kommunizierte mit wem, wie war die Reaktion? Dann ließe sich vielleicht verstehen, was eine bestimmte Äußerung bedeutet. Die Tiere sollen dazu mit Sensoren versehen werden, Kameras sollen von oben das Geschehen im Meer beobachten.

Die Millionen akustischen Äußerungen mit ebenso vielen Verhaltensdaten zu kombinieren, die einzelnen Wal-Codas eindeutig bestimmten Individuen zuzuordnen, muss automatisiert ablaufen. Um die entsprechende Hard- und Software zu entwickeln, hat das Ceti-Projekt eine fünfjährige Förderung vom „Audacious Project" des Konferenzveranstalters TED erhalten. Zu den weiteren an Ceti beteiligten Organisationen zählt die National Geographic Society und das KI-Labor des Massachusetts Institute of Technology.

e

Einen ganz anderen Ansatz, Tiersprachen zu entschlüsseln, verfolgt das „Earth Species Project". Es nutzt eine KI-Technik namens *word embedding*, in der Wörter in eine Sprachlandschaft eingebettet werden.

Im Jahr 2013 entwickelten Google-Mitarbeitende einen Algorithmus, der zunächst aus menschlichen Sprachdaten eine Art mehrdimensionale Landschaft erstellt, in der Wörter mit verwandten Bedeutungen nahe beieinanderliegen. Diese

»Dominica Sperm Whale Project«

Beim Gespräch belauscht

Vor der Karibikinsel Dominica zeichnet ein Forschungsteam die Lebensweise der Pottwale auf

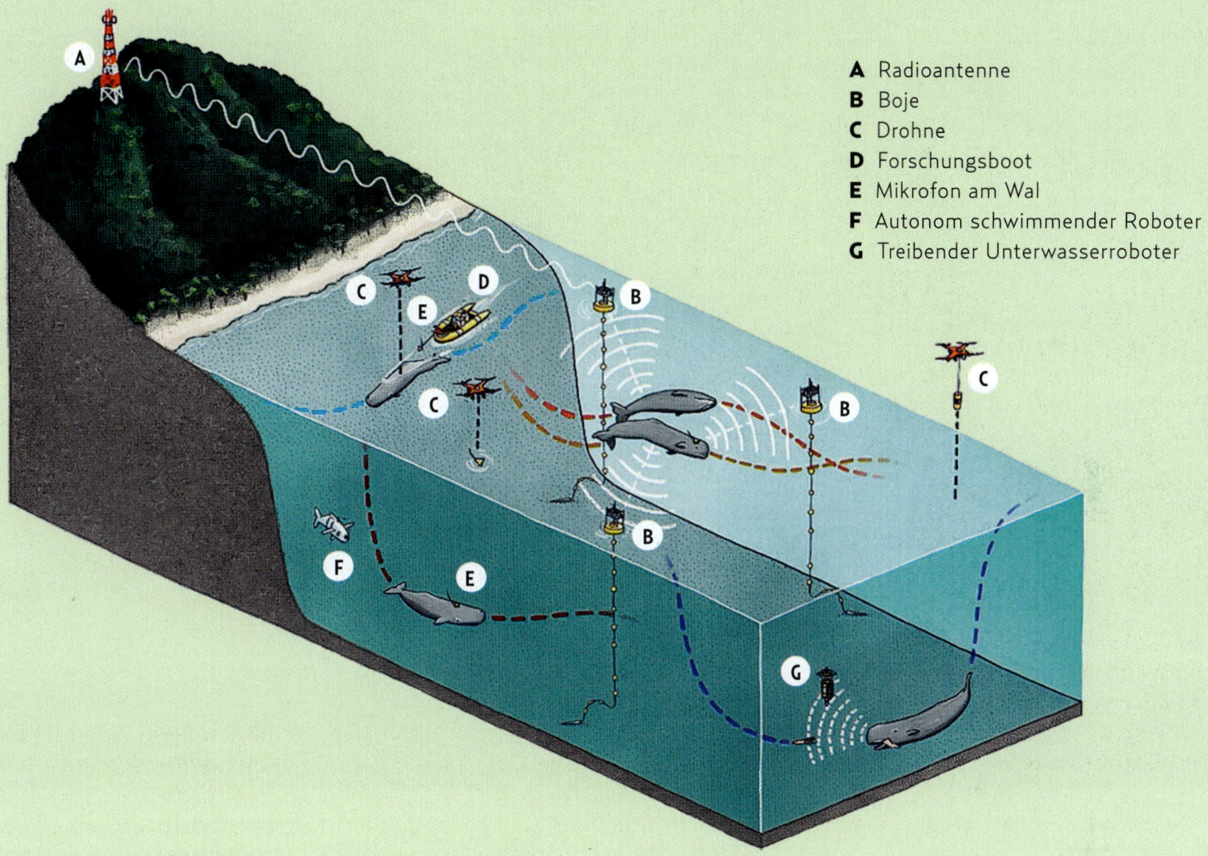

Eine Armada an Technologien kommt den Walen in ihrem natürlichen Lebensraum nahe: Bojen sammeln Verhaltensdaten und übermitteln sie per Radiowellen an Land. Verschiedene Unterwasserroboter und Mikrofone an den Rücken der Wale erlauben es, die Säuger ungestört zu beobachten und zu belauschen. Drohnen filmen die Wale und helfen beim Anbringen und Einsammeln der Mikrofone.

Algorithmen analysieren anschließend die Audioaufnahmen. Sie identifizieren die Klicklaute und ordnen diese ihrer Funktion zu: manche dienen der Orientierung oder dem Beutefang, andere der Kommunikation mit Artgenossen. Letztere, die Codas, werden einzelnen Walen zugeschrieben. Aus dem parallel beobachteten Verhalten will das Forschungsteam den Inhalt der Gespräche erschließen.

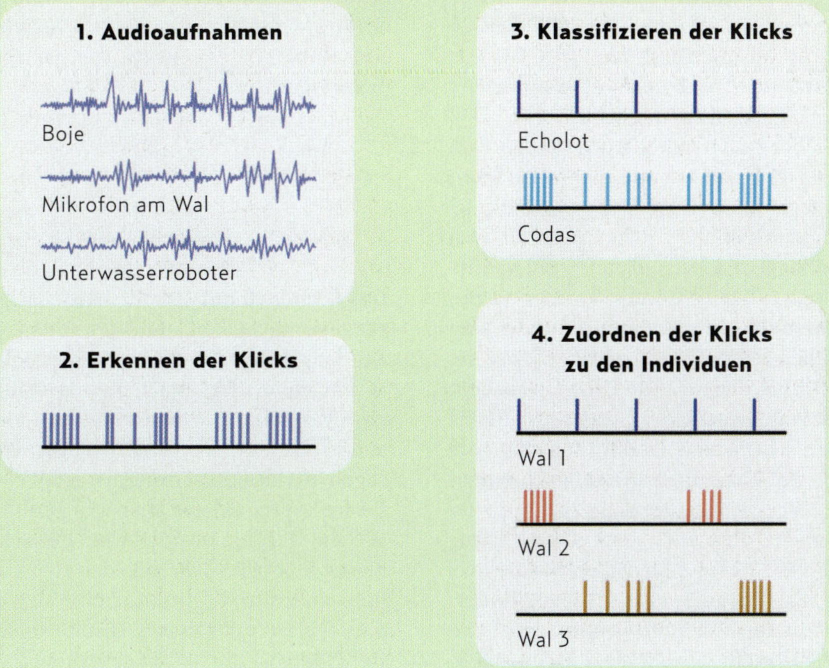

Pottwale reiben und rollen sich aneinander: Sie spielen. Das pflegt den familiären Zusammenhalt. In der Karibik leben bis zu sechzehn Individuen in einer Gruppe

Modelle erkennen auch Verwandtschaftsbeziehungen: „Lehrer" verhält sich zu „Mann" wie „Lehrerin" zu „Frau". Für jede Sprache lässt sich solch eine eigenständige Landschaft entwickeln.

Vier Jahre später wurde dieses Verfahren erstmals zur automatischen Übersetzung angewendet, denn wie sich zeigte, lassen sich die Landschaften für zwei verschiedene Sprachen zur Deckung bringen. Zwar hat nicht jedes Wort ein exaktes Pendant in einer anderen Sprache, aber letztlich reden Menschen überall auf der Welt über die gleichen Dinge. Nachdem sich mit diesem Verfahren schriftliche Texte übersetzen lassen, soll das bald auch mit Tonaufnahmen möglich sein.

Die spannende Frage ist nun: Ermöglicht dies auch eine Übersetzung zwischen Wal und Mensch? Ebendies will das „Earth Species Project" herausfinden. Ein Hindernis könnte werden, dass Sprache aus mehr besteht als nur den ausgesprochenen Worten. Um mit einem anderen Menschen zu kommunizieren, muss man vieles wissen, das gar nicht gesagt wird.

d

Das lässt sich mit „gesunder Menschenverstand" umreißen – und der unterscheidet sich wahrscheinlich von gesundem Walverstand. Wir machen uns ständig eine Vorstellung vom Innenleben einer anderen Person und verstehen deren Aussagen vor diesem Hintergrund. Welche Überzeugungen hat mein Gegenüber? Welche Gefühle bringen ihn oder sie zu dieser Aussage? Schon in der zwischenmenschlichen Kommunikation ist das eine Quelle für Missverständnisse. Wie viel größer ist die Gefahr des Aneinandervorbeiredens, wenn wir mit Tieren kommunizieren, die über andere Sinne und eine andere Lebenswelt verfügen? Muss ich wissen, wie es ist, ein Wal zu sein, um mit einem Wal zu sprechen?

Aza Raskin, einer der Gründer des „Earth Species Project", ist dennoch überzeugt, dass eine Kommunikation zwischen den Arten möglich ist: „Es gibt mit ziemlicher Sicherheit einen Bereich, wo sich die Erfahrungen der Säugetiere überschneiden. Sie müssen atmen, sie müssen essen, sie trauern um verstorbene Familienmitglieder." Gleichzeitig gebe es auch eine Menge Bereiche, in denen die Sprachlandschaften nicht deckungsgleich sein werden. „Ich weiß nicht, was faszinierender sein wird: die Stellen, an denen wir direkte Übersetzungen vornehmen können, oder die völlig unübersetzbaren Stellen."

Der Informatiker Michael Bronstein von Ceti dagegen ist eher skeptisch, dass wir so leicht mit den Tieren ins Gespräch kommen können. „Das ist wahrscheinlich eine naive Vorstellung. Wir müssen uns darauf einstellen, einem ganz anderen Geist mit anderen Vorstellungen zu begegnen. Wale reden vermutlich über Dinge, die für uns keinen Sinn ergeben, und umgekehrt." Zum Beispiel könnte kein Wal den Satz „Ich bin im Regen nass geworden" verstehen – Wale sind immer nass.

Noch weniger Hoffnungen hegt der Linguist Steven Pinker, auch wenn er das Entschlüsselungsprojekt mit Interesse betrachtet. „Ich bin gespannt, was die finden", sagt er, „aber ich vermute, es wird nicht viel mehr dabei herauskommen, als was wir schon wissen: dass Pottwale über individuelle Rufe mit einer begrenzten Semantik verfügen – sie sagen, wer sie sind, und äußern vielleicht Emotionen." Dass Wale eine Grammatik haben, glaubt er nicht. „Wenn sie komplexe Nachrichten kommunizieren können, warum beobachten wir dann nicht, dass sie komplexe Dinge zusammen tun, wie wir es bei Menschen sehen?"

MUSS ICH WISSEN, WIE ES IST, EIN WAL ZU SEIN, UM MIT EINEM WAL SPRECHEN ZU KÖNNEN?

Gegen diese Sicht protestiert Diana Reiss von der City University of New York, die seit Jahren versucht, mit Delfinen ins Gespräch zu kommen. „Wenn man Sie und mich jetzt beobachten würde", sagt sie im Videointerview, „dann tun wir beide nicht viel – aber wir unterhalten uns über sehr bedeutsame Dinge." Entsprechend könnten wir kaum darauf schließen, worüber Wale sich unterhalten. „Wir befinden uns einfach in einem Zustand der Ignoranz", sagt Reiss.

Die Forscherin hat in Gefangenschaft lebenden Tieren beigebracht, über eine Tastatur mit ihr zu kommunizieren. Die Tiere konnten damit bestimmte Spielzeuge anfordern oder Essen bestellen. Doch sie betont, dass Kommunikation, auch und gerade zwischen Mensch und Tier, nur funktioniert, wenn eine persönliche Beziehung hergestellt wird. „Ich

Shane Gero (links) und Marianne Marcoux vom »Dominica Sperm Whale Project« beobachten die Pottwale beim Spiel und dokumentieren das Sozialverhalten

Jäger und Gejagter zugleich: Walfang dezimierte die Population der Pottwale, die eine wichtige Rolle in der Nahrungskette einnehmen

sage meinen Studierenden: Versucht nicht auf Teufel komm raus, alles zu analysieren – lasst die Tiere eure Lehrer sein!"

Kommunikation ist für sie mehr als der Austausch von Wörtern und Sätzen. Dabei beruft sie sich auf Konrad Lorenz, der in seinem bereits erwähnten Buch über jenen magischen Ring schrieb, den König Salomo besessen haben soll und der es ihm erlaubte, mit den Tieren zu reden. „Ich rede mit einigen Arten, die ich gut kenne; ich brauche dazu jedoch keinen Zauberring", schrieb Lorenz. „Ohne jede Zauberei erzählen einem die lebendigen Wesen die schönsten Geschichten, nämlich solche, die wahr sind."

Dass ihre Suche nach Bedeutung in den Wal-Codas auch ergebnislos bleiben könnte, geben die Ceti-Forschenden zu. „Unser größtes Risiko ist, dass die Wale einfach langweilig sein könnten", sagt der Programmleiter David Gruber. „Aber das glauben wir nicht. In meiner Karriere als Biologe habe ich die Erfahrung gemacht, dass, wenn man näher hinschaut, einen die Tiere niemals enttäuschen."

»TIERE ERZÄHLEN DIE SCHÖNSTEN GESCHICHTEN: SOLCHE, DIE WAHR SIND«

Der Name des Ceti-Projekts erinnert nicht ganz zufällig an das Kürzel Seti – die Suche nach extraterrestrischen Intelligenzen im All, die seit den 1960er-Jahren läuft, aber bislang nicht ein einziges intelligentes Signal aus dem Weltraum zutage gefördert hat. Bis es so weit ist, kann der Mensch mit Ceti seine Entschlüsselungskunst an ähnlich fremden Wesen im Meer erproben.

Und wer weiß: Vielleicht stößt er dabei tatsächlich auf ein Gegenüber. „Ich glaube, es ist sehr arrogant von uns zu glauben, *Homo sapiens* sei das einzige denkende und fühlende Wesen auf der Erde", sagt Michael Bronstein. „Wenn wir entdecken, dass sozusagen vor unserer Nase eine ganze Zivilisation existiert, von der wir nichts ahnen – vielleicht führt das dazu, dass wir die Erde anders behandeln. Wenn wir wissen, dass wir nicht allein sind, haben wir vielleicht ein bisschen mehr Respekt vor der belebten Welt."

GEO
Die Welt mit anderen Augen sehen
ALLTAG MIT ANDEREN AUGEN SEHEN
Uns und unsere Welt immer wieder neu entdecken, Zusammenhänge verstehen, Perspektiven wechseln und neugierig bleiben. Das ist GEO.
Die Geschichte von Menschen auf ihrer Suche nach der großen Freiheit gibt's auf geo.de/entdecken.
GEO
Ziemlich schlechte Freunde
Mal Ackergaul, mal Lebensgefährte:
Mensch und Pferd
EXTRA
Moral in Zeiten des Krieges
EXPEDITION
BEIRUT
GIFTPFLANZEN
Foto: Brice Portolano

»KI führt Annahmen fort –

Künstliche Intelligenz ist immer ausgeschlafen und objektiv? Leider nein: Sie diskriminiert genauso, wie Menschen es tun. Bessere Datensätze allein reichen nicht, um dies zu verhindern, sagt die Philosophin **Lorena Jaume-Palasí**. Die Gesellschaft müsse ihr Denken hinterfragen

Interview: **Anne Jeschke**
Fotos: **Felix Brüggemann**

GEOkompakt: *Frau Jaume-Palasí, hätte eine Künstliche Intelligenz zwei Menschen für ein Interview ausgewählt: Säßen dann wir beide heute hier?*

Lorena Jaume-Palasí: Nein, vermutlich nicht. Um uns beide auszuwählen, hätte schon jemand sehr gezielt mit zusätzlichen Schlagwörtern wie „Frau" oder „Expertin" suchen müssen. Der Maßstab, an dem sich viele KI-Systeme orientieren, sind weiße Männer.

Probleme mit Software zur Gesichtserkennung belegen das drastisch: Es kommt vor, dass schwarze Menschen bei elektronischen Passkontrollen nicht durch Schranken gelangen.

Oder diese Systeme melden Menschen mit asiatischer Abstammung, ihre Augen seien geschlossen. Vor allem bei schwarzen Frauen haben sie große Probleme. Die Software wird eben vor allem an weißen Menschen trainiert.

Man muss sich klarmachen, welche Risiken davon ausgehen. KI wird in Bereichen getestet oder bereits eingesetzt, die über das Schicksal von Menschen entscheiden: in spanischen Gerichtssälen oder bei deutschen Gerichtsgutachten, bei der Polizei in vielen EU-Staaten oder bei Passkontrollen und Visa-Verfahren an den Außengrenzen der Europäischen Union.

Und auch in der Medizin: Software, die Hautkrebs erkennt, soll laut einiger Studien im Durchschnitt besser sein als Ärzt*innen. Allerdings ist sie umso schlechter für manche Bevölkerungsgruppen, etwa für schwarze Menschen. Auf deren Haut erkennt sie Krebs seltener.

Welche Gruppen in unserer Gesellschaft droht KI zu benachteiligen?

Alle, die auch sonst diskriminiert werden. In Österreich streiten Behörden über ein System, das Jobchancen von Arbeitssuchenden vorhersagen und gegebenenfalls Zwangsförderungen anordnen soll. Punkteabzüge gibt es für Über-50-Jährige, für Frauen mit Betreuungspflichten, Menschen mit Migrationshintergrund oder mit gesundheitlichen Beeinträchtigungen. Problematisch ist dabei die Summe von Merkmalen – etwa für Mütter mit Migrationshintergrund.

Ein anderes Beispiel: Wer einen Dialekt oder einen Akzent hat, schafft es nicht durch eine Recruiting-Software, die Aussagen analysiert – egal wie qualifiziert die Person für den Job ist. Algorithmen in sozialen Netzwerken wiederum benachteiligen übergewichtige Menschen, die „zu viel" Haut zeigen. Entspricht jemand nicht dem Schönheitsideal, trägt etwa Tattoos, kann er oder sie genauso betroffen sein wie Menschen mit Behinderungen, homosexuelle und transsexuelle Personen, alte oder einkommensschwache.

Zu Beginn bestand die Hoffnung, dass gerade KI objektiv entscheiden könne und so helfe, Ungerechtigkeiten der analogen Welt zu korrigieren. Warum gelang das nicht?

Allein die Idee der Objektivität ist problematisch. Systeme können nur mit den Daten arbeiten, die wir ihnen

menschliche und verstärkt sie«

Die Philosophin und Aktivistin **Lorena Jaume-Palasí** forschte an der LMU München zu Internet Governance. In Berlin hat sie The Ethical Tech Society gegründet, eine gemeinnützige Organisation, die sich für Ethik in der Digitalisierung und Automatisierung einsetzt

geben. Diese sind aber durchsetzt von Kategorisierungen, denn wir alle stecken andere im Alltag immerzu in Schubladen. Die Systeme führen diese menschlichen Annahmen fort – und verstärken sie.

Wie genau bringen wir – ungewollt – KI-Systemen Diskriminierung bei?

Der Kontext, in dem KI eingesetzt wird, kann ungeeignet sein. Oder die Theorien, die KI-Fachleute in Algorithmen übersetzen, können zu einfach oder schlicht falsch sein. Wer die sexuelle Orientierung eines Menschen identifizieren will, indem er sein Gesicht analysiert, stützt sich dabei auf queerphobe, pseudowissenschaftliche Annahmen.

Oder beim Recruiting: Unternehmen schauen sich dafür die Mitarbeitenden genauer an, die am meisten geleistet haben. In ihre Analysen nehmen sie bestimmte Parameter auf: die Eigenschaften, die Leistungsträger*innen besonders auszeichnen. Das klingt erst mal logisch und effizient. Doch indem der Betrieb diese Daten nun als Grundlage für ein KI-System nutzt, um neues Personal einzustellen, werden wieder genau solche Leute eingestellt, die ohnehin schon dort arbeiten. Der Maßstab für die Zukunft ist in KI-Systemen die Vergangenheit.

Fachleute müssten aber doch merken, wenn sie ihrer KI Diskriminierung beibringen?

KI-Fachleute sind Fachleute für Mathematik. Sie sind keine Expert*innen für Arbeitspsychologie, Medizin oder Gerichtsbarkeit. Sie entwickeln mit KI-Methoden Prozesse, für die sie eigentlich andere Fachleute, zum Beispiel Mediziner*innen, bräuchten. KI ist eine interdisziplinäre Angelegenheit, aber momentan gibt es da keine echte Zusammenarbeit.

Auch wenn das Bewusstsein für Diskriminierung in Teilen der Gesellschaft größer wird: Ein Mensch kann sich nicht komplett von seinem erlernten Denken lösen. Jegliche Annahme, die in ein KI-Programm einfließt, ist letztlich subjektiv. Wie viele Geschlechter würden Sie zur Wahl stellen, wenn Sie eine Dating-App programmierten? Zwei, drei, zehn? Es gab ein Angebot, in dem Menschen ihre Gender-Identität selbst bestimmen konnten: 37 verschiedene Identitäten kamen dabei heraus.

Jaume-Palasí berät das Europäische Parlament zu Technologiefragen. Außerdem ist sie Mitglied des Nationalrats für Künstliche Intelligenz der spanischen Regierung

KI diskriminiert, aber wir Menschen eben auch. Zudem sind wir zuweilen übermüdet, haben einen schlechten Tag oder sind gar traumatisiert. Bleibt da die KI nicht weiterhin die bessere Entscheiderin?

Keineswegs. Wir Menschen können andere in ihrem Kontext wahrnehmen und beurteilen. Um über andere zu richten, muss eine Richterin eine Person als Ganzes wahrnehmen. Dazu sind nur Menschen in der Lage, nicht KI-Systeme: Statt den Einzelfall zu analysieren, ordnen sie Menschen in Kategorien ein.

Aber auch die Richterin urteilt nicht immer vorurteilsfrei.

Natürlich gibt es Fälle, in denen Angeklagte massiv diskriminiert werden. Aber das sind Einzelentscheidungen einer Richterin. Eine KI, die landes- oder bundesweit eingesetzt würde, hätte Einfluss auf viel mehr Entscheidungen. Weil Menschen Fehler machen, gibt es in unserem Justizsystem die verschiedenen Instanzen.

In den USA stufte eine KI schwarze Menschen als gesünder ein als weiße, da Schwarze seltener zum Arzt gingen. Was lief dort schief?

Selbst bei sehr guter Datenlage fehlt es der Künstlichen Intelligenz an etwas Wesentlichem: am gesunden Menschenverstand. Sie ist nicht fähig, Erklärungen hinter Daten zu erkennen. Hier also zu verstehen, dass schwarze Menschen sich

Arztbesuche möglicherweise seltener leisten können als weiße. Das Beispiel zeigt: Wozu Daten vorliegen, das gerät in den Mittelpunkt – und wozu es keine Daten gibt, bleibt unsichtbar.

Sehen Sie gar keine Chance, KI gerechter zu gestalten?

KI sollte grundsätzlich keine Einzelfälle bewerten. Wer über die Zukunft eines Menschen entscheidet, muss Details kennen, Eigenschaften wahrnehmen und Annahmen miteinander verknüpfen. Die Systeme, über die wir hier sprechen, machen das Gegenteil. Sie zeigen lediglich auf, wie sehr ein Individuum anderen Individuen eines Kollektivs ähnelt.

Bleiben Maschinen auf lange Sicht nur so moralisch wie die Person, die sie programmiert oder einsetzt?

Ein Programm hat kein Bewusstsein, keine Absichten. Es hat keine Ahnung davon, was es tut. Uns fehlen die Maßstäbe, ihm Verantwortung zuzuordnen.

Wenn wir all das in Betracht ziehen, stellt sich doch die Frage: In welchen Bereichen kann die Gesellschaft überhaupt ohne Bedenken auf Künstliche Intelligenz setzen?

Mir gefällt der von der kanadischen Medienwissenschaftlerin Wendy Chun vorgeschlagene Ansatz, ein KI-System wie ein Klimamodell zu verstehen. Dafür müssen wir zunächst begreifen, dass es sich nur um ein Modell handelt. Und dass alle Modelle falsch sind, aber manche – mit Einschränkungen – nützlicher als andere. Wenn wir KI-Systeme so nutzen, dann können sie uns zeigen, wie etwas nicht mehr sein soll: Die Zukunft muss anders werden, als die Vergangenheit war. Mit Blick auf die Klimakrise sollten wir uns aber genau überlegen, in welchen Bereichen wir KI-Systeme wirklich benötigen. Sie verbrauchen enorme Ressourcen.

Andererseits ermöglicht KI, Ressourcen effizienter einzusetzen und so das Klima zu schützen, etwa in der Landwirtschaft. Überwiegen nicht letztlich die Vorteile?

Da müssen wir ganz genau hinschauen: Eine Software, die nur berücksichtigt, wie ein Agrarkonzern Wasser und Düngemittel präziser einsetzen

»KI fehlt es an etwas Wesentlichem: am **gesunden Menschenverstand.** Sie ist nicht fähig, **Erklärungen hinter Daten** zu erkennen«

kann, macht am Ende bloß schädliche Monokulturen noch effizienter. Nachhaltige Systeme beziehen auch Faktoren aus dem Umfeld der Ackerflächen mit ein, etwa die Biodiversität. Doch je komplexer ein KI-System wird, desto schlechter beherrschbar und schwerer verständlich wird es auch.

Immerhin reguliert die EU KI-Systeme vergleichsweise streng – gerade im Kontrast zu China oder den USA.

Wir sollten uns nicht täuschen lassen. Auch die EU lässt sehr vieles zu. 2018 führte sie die Zahlungsdienstrichtlinie PSD2 ein. Damit fördert sie geradezu biometrische Systeme zur Authentifizierung auf Zahlungsplattformen oder beim Online-Banking. Und jedes neue Auto, das in der Staatengemeinschaft produziert wird, bekommt ab Mitte des Jahres 2022 biometrische Sensoren verpasst. Diese Systeme sollen analysieren, ob der Mensch am Steuer aufmerksam ist oder müde wird. Es sind sogar KI-Systeme erlaubt, die biometrisch einschätzen sollen, welches Gewaltpotenzial von einem Menschen ausgeht – etwa in Fußballstadien.

Biometrie – also die Vermessung körperlicher Charakteristika – ist hochproblematisch. Und die EU macht keine Anstalten, sie stärker einzuschränken oder zu verbieten. Gerade für die Kontrolle von Nicht-EU-Mitgliedern haben wir mit der IT-Behörde EU-LISA sowie der Datenbank CIR eine der größten biometrischen Infrastrukturen der Welt aufgebaut.

Initiativen wollen mehr Frauen und Menschen mit Einwanderungsgeschichte für MINT-Fächer begeistern. Und die Technische Universität München schafft ihre Fakultäten ab: Dort entwickeln nun Fachleute aus den Geistes- und Sozialwissenschaften, aus IT und Ingenieurswissenschaften gemeinsam Künstliche Intelligenz. Werden diversere Teams KI-Systeme gerechter machen?

Das ist ein guter Beitrag – aber eben nur das. Die Probleme, die wir im Bereich KI haben, liegen in der Art, wie wir denken. An den Methoden, mit denen wir die Gesellschaft strukturieren, organisieren und analysieren. Es ist eine alte Denke, die viele Expert*innen aus marginalisierten Bevölkerungsgruppen zu Recht als kolonialistisch bezeichnen. Wenn wir als alter Kolonialkontinent der Kritik nicht zuhören, werden wir weiterhin Systeme programmieren, die eine ungerechte Vergangenheit als Maßstab setzen.

Was können Forschungsteams aus Ihrer Sicht dann tun?

Sie dürfen jedenfalls nicht so tun, als wäre die neue Technologie die alleinige Lösung und als könnten sie ohne weitere Fachexpertise und ohne Betroffene ihre Programme entwickeln. In Australien arbeiteten die Behörden in den vergangenen Jahren daran, Buschfeuer mittels KI besser zu bekämpfen. Nach jahrzehntelangen Versuchen, Feuerwehrleute mittels Drohnen, Exoskeletten oder auf Effizienz getrimmten Systemen zu optimieren, zeigten ihnen indigene Gruppen, wie sie Feuer bekämpfen und Prävention betreiben. Die Forschungsgruppen programmierten Daten basierend auf sehr altem lokalem Wissen. Die entsprechenden Reservationen trafen 75 Prozent weniger Feuer als Gebiete im Rest des Landes.

Also sehen Sie auch Chancen im Einsatz von KI?

Ich verteufle KI-Systeme nicht. Debatten um Technologien bringen uns dazu, uns mit der Frage der gerechten Machtverteilung auseinanderzusetzen. Ich wünsche mir nur, dass wir diese Debatten auch nutzen, um etwas zu verändern.

Das

Wie ein Künstliches Neuronales Netz zu seinen Entscheidungen kommt, ist meist unklar. Das birgt große Gefahren. Forschende wollen nun der KI beibringen, sich selbst zu erklären

Text: **Manuela Lenzen**

Ü

Über die deutschen Autobahnen raste in den frühen 1990er-Jahren das „Versuchsfahrzeug für autonome Mobilität und Rechnersehen“. Das an der Universität der Bundeswehr in München entwickelte selbstfahrende Auto war bis zu 175 Kilometer pro Stunde schnell, Überholmanöver plante es eigenständig und führte sie durch, wenn der Sicherheitsfahrer dies erlaubte. Auf seiner Rekordfahrt fuhr das Fahrzeug 158 Kilometer am Stück – ohne dass ein Mensch eingreifen musste.

Öffnen der Black Box

Woran erkannte eine KI die Züge im linken Bild? Ein Blick in ihr Inneres offenbart: Die KI hatte nicht die Züge angeschaut, sondern bloß die Gleise (roter Bereich im rechten Bild)

Doch drei Dekaden später lassen marktreife selbstfahrende Autos weiterhin auf sich warten, trotz vollmundiger Ankündigungen von Tesla-Gründer Elon Musk. Zwar funktionieren autonome Fahrzeuge in den meisten Fällen inzwischen erstaunlich gut. Aber „erstaunlich gut" reicht nicht, wenn es, wie im Straßenverkehr, um Menschenleben geht. Idealerweise sollten selbstfahrende Autos immer korrekt reagieren. Dazu müssen die Fahrzeuge sich in einer unübersichtlichen, unvorhersehbaren Welt zurechtfinden. Sie müssen ihre Umgebung bei strömendem Regen ebenso wie bei blendender Sonne richtig wahrnehmen. Doch die Algorithmen, die all die Daten aus den zahlreichen Fahrzeug-Sensoren interpretieren, haben ihre Grenzen – und machen zuweilen erschreckende Fehler.

Eindrücklich wiesen dies US-Wissenschaftler um Kevin Eykholt und Ivan Evtimov nach. Auf ein Stoppschild klebten sie zwei schwarze und zwei weiße Balken. Diese waren nicht besonders groß – kein Mensch hätte ein Problem ge-

Ein Mensch lässt sich selbst durch Graffiti auf einem Schild nur wenig verwirren. Doch vier gezielt angebrachte Klebestreifen ließen eine KI glauben, dieses Stoppschild sei bloß eine Geschwindigkeitsbegrenzung

habt, das Schild trotzdem zu erkennen. Doch ein Bilderkennungssystem hielt das Stoppschild auf einmal für eine Geschwindigkeitsbegrenzung auf 45 Meilen pro Stunde. Ein Auto wäre mit dieser Information wohl ohne anzuhalten über eine Kreuzung gerast.

Solche Manipulationen wie die Aufkleber auf dem Stoppschild heißen *adversarial attacks*, feindliche Angriffe – schließlich lassen sie sich außerhalb der Forschung auch mit Absicht verwenden, um Bilderkennungssysteme mutwillig oder bösartig zu stören.

d

Die Forscher hatten eine Methode gefunden, um Bilderkennungsprogramme systematisch zu prüfen. Genauer: Sie stellten das Deep Learning auf die Probe, das „tiefe Lernen“ Künstlicher Neuronaler Netze, das bei der Entwicklung der Bilderkennung zum Einsatz gekommen war (siehe „Wie funktioniert Künstliche Intelligenz?“, Seite 32). Diese Form der Künstlichen Intelligenz hat einen Nachteil: Wie ein Künstliches Neuronales Netz (KNN) genau gelernt hat, ein Problem zu lösen, ist im Einzelfall nicht bekannt – und es ist auch nicht so einfach, das herauszufinden. „Black Box“ heißen daher solche Systeme, „schwarze Kiste“, deren innere Vorgänge uns verborgen bleiben. Zwar lässt sich prinzipiell in KNN hineinblicken. Zu sehen ist dort aber bloß eine riesige Menge an Berechnungen. Dieser Wust aus Zahlen ist zu komplex, um daraus abzuleiten, welche Wege das System bis zu seinen Ergebnissen geht.

Die Intransparenz ist ein Grund, warum vollständig autonom agierende Fahrzeuge noch immer nicht auf dem Markt sind. „Die größte technische Herausforderung liegt aktuell darin, dass wir für entsprechende KI-Systeme bisher nicht in der Lage sind, Garantien über ihr korrektes Verhalten beziehungsweise dessen Grenzen anzugeben. Das führt dazu, dass die Firmen zwar prinzipiell autonom fahren können, sie aber hohe Risiken in Kauf nehmen müssten, wenn dann doch Unfälle passieren“, so Philipp Slusallek gegenüber dem Journalismusdienst Science Media Center. Slusallek ist wissenschaftlicher Direktor am Deutschen Forschungszentrum für Künstliche Intelligenz in Saarbrücken.

Das Problem stellt sich nicht nur fürs autonome Fahren, sondern überall, wo diese Verfahren zum Einsatz kommen oder kommen sollen: von der Analyse von Bilddaten in der Medizin über das Algorithmen-basierte Ranking von Produkten oder Dienstleistungen in Suchmaschinen bis hin zur automatisierten Entscheidung über die Vergabe von Studienplätzen oder Krediten.

Um die Künstlichen Neuronalen Netze besser zu verstehen, ihre Sicherheit zu erhöhen und auch um das Vertrauen der Kundschaft zu stärken, ist in den vergangenen

Jahren ein lebhaftes Forschungsfeld entstanden: XAI – eXplainable Artificial Intelligence, auf Deutsch: Erklärbare Künstliche Intelligenz. Dort arbeiten Informatikerinnen und Informatiker an Methoden, um Licht ins Dunkel der Black Box zu bringen.

Doch wie kann es überhaupt passieren, dass die KI ein Stoppschild für eine Geschwindigkeitsbegrenzung hält, während die Aufkleber einen Menschen nicht einmal irritieren? Augenscheinlich „blickt" die KI auf andere Weise auf das Schild, nimmt etwas anderes wahr, konzentriert sich auf andere Details.

Worauf genau, lässt sich mit Verfahren ergründen, die nachhalten, welchen Teil einer Eingabe ein Modell – so heißt das trainierte KNN – vor allem für seine Entscheidung nutzt. Forscher um Sebastian Lapuschkin vom Fraunhofer Heinrich-Hertz-Institut in Berlin haben eine Methode entwickelt, bei der diejenigen Bereiche eines Bildes, auf die ein Künstliches Neuronales Netz besonders intensiv „schaut", farblich markiert werden. Das Ergebnis erinnert an die Aufnahme einer Wärmebildkamera: je dunkler rot die Färbung, desto bedeutsamer ist der Bildbereich für die KI.

Auf diese Weise haben die Forscher schon erstaunliche Entdeckungen gemacht. Sie fanden heraus, dass ein Modell, das scheinbar Pferde auf Fotos erkennen konnte, die Pferde gar nicht ansah, sondern sich auf den klein in die Ecke gedruckten Bildnachweis des Pferdefotoarchivs konzentrierte.

Ein wenig wie ein Schüler, der nur lernt, was für den nächsten Test unbedingt nötig ist, neigen Deep-Learning-Verfahren dazu, es sich so leicht zu machen wie möglich. Sie nehmen Abkürzungen, wo immer sie sich bieten.

Ein Team um Marco Tulio Ribeiro von der University of Washington trainierte ein Modell, das scheinbar Hunde von Wölfen unterscheiden konnte. Nur betrachtete es gar nicht die Tiere, sondern den Hintergrund. So lernte das Modell, Bilder mit Schnee (und Wölfen) von solchen ohne Schnee (aber mit Hunden) zu unterscheiden – und hielt daher einen Husky im Schnee für einen Wolf.

Um solchen Fehlern auf die Spur zu kommen, entstand ein weiteres Verfahren namens LIME – Local Interpretable Model-Agnostic Explanations. Auch dieses hebt hervor, was für die Entscheidung eines Modells wichtig ist. Dazu werden die Daten verändert, die man in das Modell schickt – von Bildern werden beispielsweise Bereiche gelöscht. So lassen sich sogenannte Superpixel finden, also die Elemente, die für die Entscheidungen des Modells wirklich wichtig sind. Und wenn dies der Schnee ist, statt des Wolfes, läuft etwas falsch.

Mittels LIME lässt sich auch zeigen, welche Wörter dazu geführt haben, dass ein Kommentar zu einem Hotel als positiv oder negativ klassifiziert wurde. Kommt ein Modell zu dem Ergebnis, eine Person habe die Grippe, lässt sich wiederum zeigen, dass Niesen und Kopfschmerzen für die Entscheidung der KI sprachen, dagegen aber, dass der Patient nicht über Müdigkeit klagte.

Solche XAI-Verfahren sind vor allem für Entwicklungsteams interessant, die sicherstellen müssen, dass ihre Modelle tun, was sie versprechen. Entdecken sie dank der Verfahren Fehler, können sie das Modell mit besseren Daten trainieren oder ihm vorgeben, worauf es zu achten hat.

> **Wo ein Algorithmus über das Schicksal eines Menschen entscheidet,** darf die Entscheidung nicht intransparent sein oder gar willkürlich erscheinen

Z

Zu verstehen, wie ein Künstliches Neuronales Netz zu einem Ergebnis kommt, ist aber auch für die Menschen wichtig, die die Modelle im Alltag einsetzen oder von ihrer Nutzung betroffen sind – umso mehr, in je privatere Lebensbereiche KIs eindringen. Zunehmend werden sie verwendet, um Diagnosen zu stellen und Therapien auszuwählen, bei einem Auswahlverfahren das Bewerberfeld zu sortieren oder die Kreditwürdigkeit einer Person einzuschätzen. Doch orientiert sich die KI tatsächlich an der finanzielle Situation der Personen – oder an ihren Vornamen?

Um dies zu beantworten, hilft die kontrafaktische Methode. Sie wird vor allem bei Tabellendaten eingesetzt, wie sie etwa bei der Entscheidung über Kreditvergaben verwendet werden. Auch hier manipulieren Forschende die Eingabe und schauen, ob und wie sich das Ergebnis verändert, etwa wie die persönlichen Angaben hätten sein müssen, damit ein Kreditgesuch doch bewilligt worden wäre.

Wo das Schicksal eines Menschen von den Ergebnissen eines Algorithmus abhängt, darf deren Entscheidung nicht intransparent sein oder gar willkürlich erscheinen. Zudem regelt die Datenschutzgrundverordnung: Haben Entscheidungen auf einen Menschen erhebliche Auswirkungen, hat er das Recht, „aussagekräftige Informationen über die involvierte Logik" zu erhalten. Betroffene müssen prinzipiell die Chance haben, nachvollziehbare Kriterien zu erfüllen – oder sich im Nachhinein gegen eine falsche Eingruppierung zu wehren.

In manchen Fällen wäre es ideal, eine KI könnte selbst erklären, wie sie zu ihrem Ergebnis gekommen ist. „Rationalisierung" heißt diese wohl anspruchsvollste XAI-Methode.

Erprobt wird sie zum Beispiel in der Medizin, in der Diagnostik. „Wenn etwa die Ärztin

Selbstlernende Algorithmen suchen oft den leichtesten Weg: Statt sich beizubringen, wie ein Pferd aussieht, erkannte eine KI Pferdefotos am Bildnachweis

einen Tumor der Klasse 2 erkennt, das System denselben Tumor aber in Klasse 3 einordnet, wer hat dann recht?“, fragt Ute Schmid, Professorin für Kognitive Systeme an der Universität Bamberg. „Solche Entscheidungen können für Patienten sehr folgenreich sein und beispielsweise Einfluss darauf haben, ob eine Chemotherapie erfolgt oder nicht.“

Schmid arbeitet mit ihrem Team an einem System, das seine Entscheidung begründen kann. „Mit dem Hervorheben kommt man hier nicht weiter. Das System sollte kurze, knappe Erklärungen liefern, etwa ‚Es sind zahlreiche Metastasen vorhanden‘. Dazu sollte es Bilder zeigen, denn manches kann man zwar sprachlich fassen, anderes aber leichter mit Bildern kommunizieren.“

d

Der Ansatz könnte auch bei den Systemen helfen, die beim Autofahren unterstützen. Schmid und ihr Team haben zusammen mit IBM ein solches Erklärsystem für einen Fahrassistenten entwickelt, das in Zukunft beim autonomen Fahren zum Einsatz kommen könnte: „Ein Autopilot sollte nicht ständig ungefragt Erklärungen von sich geben, das nervt ja. Aber wenn er auf der Autobahn plötzlich einen Spurwechsel vornimmt, könnte das den Fahrer erschrecken. Das könnte so gelöst werden, dass das System den Spurwechsel ankündigt und die Situation bildlich darstellt und die entscheidenden Aspekte hervorhebt – etwa den langsamen Lastwagen auf der rechten Spur.“

Allerdings muss nicht jedes KI-System sich selbst erklären können. Wenn ein Algorithmus in der Fabrik überwacht, ob genügend Salamischeiben auf der Pizza liegen, reicht es völlig, wenn er gut funktioniert. Selbst in der Medizin ist XAI nicht immer vonnöten. „Man muss immer fragen: Wer braucht welche Art von Nachvollziehbarkeit und warum?“, sagt Ute Schmid. „Wenn ein System der Ärztin signalisiert, dieser Leberfleck dort könnte Hautkrebs sein, und sie sich die Stelle dann genauer ansieht: Muss sie wissen, warum das System diesen Fleck verdächtig fand? Manchmal reicht es, wenn ein lernendes System einfach einen Hinweis gibt und der Mensch dann schaut, wie er den Fall bewertet.“

Völlig ausgeleuchtet sind die schwarzen Kisten noch nicht, die XAI-Forschung steht erst am Anfang. „Manchmal sind die Verfahren noch nicht genau genug, manchmal kommen verschiedene von ihnen zu unterschiedlichen Ergebnissen“, sagt Schmid. „Die Prüfung der Vertrauenswürdigkeit der Erklärsysteme beginnt gerade erst.“

Generell ist der Mensch ein gutes Korrektiv, er sollte das letzte Wort haben. In der Europäischen Union haben Bürgerinnen und Bürger daher das Recht, dass Entscheidungen, die sie erheblich beeinträchtigen, nicht allein automatisiert zustande kommen.

„Man muss sich klar machen, dass Deep-Learning-Verfahren nun einmal anders funktionieren als Kaffeemaschinen“, sagt Constantin Rothkopf, der an der Technischen Universität Darmstadt Psychologie der Informationsverarbeitung lehrt. „Wenn man sich absolut sicher sein will, ist Deep Learning nicht das Richtige.“

Ute Schmid ergänzt: „Bei der Erkennung von Verkehrsschildern ist es gar nicht notwendig, sich auf so etwas Unsicheres wie aus Bildern gelernte Modelle zu verlassen. Die

»Wir fordern Erklärbarkeit von maschinellen Algorithmen, verstehen aber menschliche Entscheidungsvorgänge noch nicht«

Verkehrsschilder könnten sich etwa über Funksignale direkt mit dem Auto austauschen. Dann ist auch keine Erklärung notwendig."

Nur weil Künstliche Intelligenz im Trend liegt, ist sie also nicht immer die beste Wahl. Und selbst wenn, gilt es sorgfältig auszuwählen, welche Verfahren genutzt werden. Denn nicht alle maschinellen Lernverfahren arbeiten auf undurchsichtige Weise. „Die Berichterstattung über die KI vermittelt manchmal den Eindruck, es gebe nur die tiefen Künstlichen Neuronalen Netze, dabei ist dies nur ein Verfahren unter vielen", so Ute Schmid. „In der Praxis sind viele andere Lernverfahren im Einsatz, bei denen sehr gut nachzuvollziehen ist, was sie tun: manche Verfahren aus der Statistik etwa und Entscheidungsbäume und ihre Weiterentwicklungen."

Der Einsatz von KI sowie der Wunsch nach Erklärbarkeit stellt Forschende auch vor grundsätzliche Herausforderungen. „Soll ein Algorithmus eine Entscheidung treffen, muss man vorab die Kriterien für eine gute Entscheidung definieren, um das System zu trainieren. Bei einer Kaffeemaschine ist das noch recht einfach: Erfolg ist eine Tasse Kaffee. Aber oft gibt es solche klaren Kriterien gar nicht. Menschen treffen gute und schlechte Entscheidungen und viele, bei denen letztlich nie klar wird, ob sie gut oder schlecht waren", erklärt Rothkopf. Wie so oft, wenn technische Verfahren Aufgaben von Menschen übernehmen sollen, fällt auf, dass bislang nie genau hingeschaut wurde, wie Menschen sie eigentlich erledigen.

„Wir fordern Erklärbarkeit von maschinellen Algorithmen, aber wir verstehen menschliche Entscheidungsvorgänge noch nicht. In dieser Einsicht liegt auch eine Chance", sagt Rothkopf. „Was die Forschung bisher klar gezeigt hat, ist, dass wir Menschen sehr unzutreffende Vorstellungen davon haben, was die inneren Motive für die meisten unserer Entscheidungen tatsächlich sind."

Die Informatikerinnen und Kognitionswissenschaftler in Darmstadt erforschen deshalb beides: das Verhalten von Menschen und das von Algorithmen, also die Black Box KI und die Black Box Mensch – manchmal sogar mit den gleichen Methoden. „Die lernenden Algorithmen zwingen uns dazu, noch einmal genau darüber nachzudenken, wie wir Verhalten überhaupt bewerten und wie viel Unsicherheit wir in welcher Situation tolerieren wollen – bei Menschen und bei Maschinen."

Künstliche *Kunst*

Text: **Jan Berndorff**

Menschen lassen Künstliche Intelligenz eigenständig Bilder malen, Musik komponieren, Gedichte und Drehbücher schreiben. Doch wie **kreativ** kann ein Computer tatsächlich sein?

A

Auf der Flucht gezimmert in einer Schauernacht.
Schleier auf dem Mahle.
Säumliche Nahrung, dieses Leben.
Die Stille der Bettler umfängt mich
in einer schmausenden Welt ...

Aus dreizehn Versen in vier Strophen besteht das Gedicht „Sonnenblicke auf der Flucht", es klingt nach Sozialkritik. Die Brentano-Gesellschaft nahm es 2018 in die „Frankfurter Bibliothek" auf, einen hoch angesehenen Lyrikkanon. Eingeschickt hatte es die Wiener Agentur Tunnel 23, die auf Digitales spezialisiert ist. Erst später verriet sie: Der Verfasser ist ein Computer. Die IT-Fachleute hatten ihm mit Werken von Goethe und Schiller das Dichten antrainiert und als Thema „Auf der Flucht" vorgegeben. Den Rest erledigte die Rechenmaschine.

NEUE ALTE MEISTER
Der Videokünstler Mario Klingemann lässt zwei Netzwerke immer neue Porträts kreieren – basierend auf Werken aus 400 Jahren europäischer Kunstgeschichte

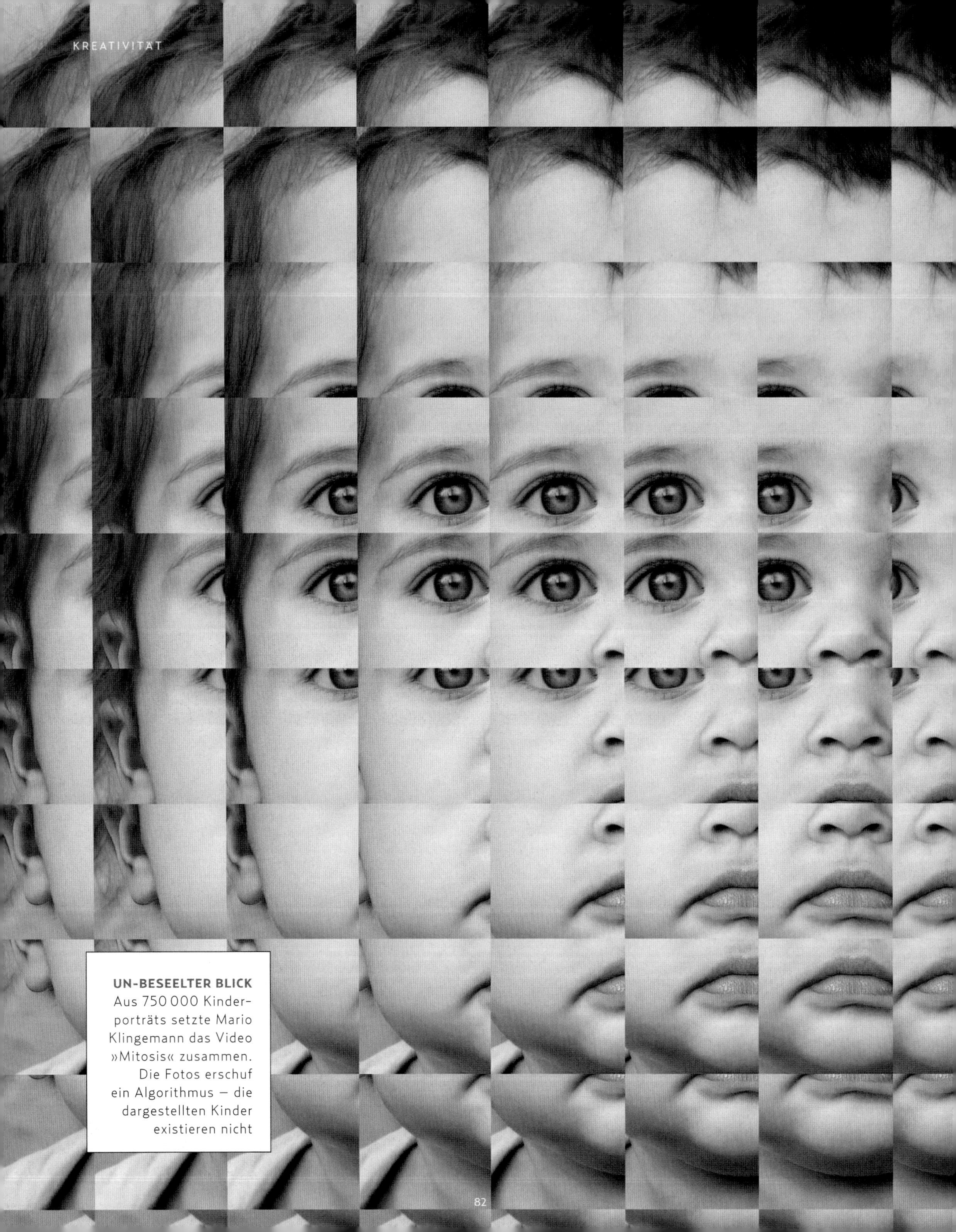

UN-BESEELTER BLICK Aus 750 000 Kinderporträts setzte Mario Klingemann das Video »Mitosis« zusammen. Die Fotos erschuf ein Algorithmus – die dargestellten Kinder existieren nicht

FANTASTISCHES WIMMELBILD
Hieronymus Boschs Triptychon »Der Garten der Lüste« (r.) entwickelte Klingemann weiter zur Videoinstallation »Der Garten der flüchtigen Details« (l. und u.). Das historische Gemälde voller grotesker Details dient dabei einer KI als Grundlage: Sie verfremdet das Werk unentwegt, wandelt Details, lässt sie zerfließen

Das Gedicht zeigt als ein Beispiel von vielen, wie KI zusehends auch in eine Domäne vordringt, die dem Menschen vorbehalten schien: die Kunst.

Sind Maschinen also zu Kreativität fähig? Können Algorithmen etwas völlig Neues aus Farben und Formen, Wörtern und Tönen erschaffen? Tatsächlich schreiben sie mittlerweile Geschichten und Filmskripte, komponieren Musik, malen Bilder mit Farbe und Pinsel. Allerdings ist der Erfolg dabei noch recht wechselhaft.

Das Gedicht „Sonnenblicke auf der Flucht" ist eines der positiven Beispiele. Je nach Kunstform funktioniert es besser oder schlechter, Kreativität vorzugaukeln: „Wenn es sich um Lyrik oder abstrakte Kunst handelt, also um Werke, die offen interpretiert werden können", sagt die Schriftstellerin und Vordenkerin des digitalen Zeitalters Kathrin Passig, „können leicht ästhetische Effekte auftreten."

In *abstrakter* Kunst treten leicht *ästhetische* Effekte auf – hier kann Künstliche Intelligenz Kreativität *vorgaukeln*

Auf der Social-Media-Plattform Twitter erstellte sie ein Profil, das fortwährend kleine Gedichte produziert, auf der Grundlage eines Poems der Lyrikerin Elisa Aseva. Der „Asevador" rekombiniert Teile des Gedichts mit neuen Wörtern zu immer neuen Werken.

Eine einfache technische Spielerei. Aber bereits sie lässt sich als Kreativität interpretieren. Konkretere und im Ergebnis komplexere Kunstformen wie Geschichten oder figurative Gemälde allerdings bereiten Künstlicher Intelligenz noch Schwierigkeiten. Ohne enge Vorgaben misslingen sie meist: Beim Kurzfilm „Sunspring" etwa, dessen Drehbuch eine KI schrieb, braucht es viel guten Willen, um den Dialogen einen Sinn zu entnehmen.

Wer bewerten will, ob die Produkte der Computer tatsächlich als Werke betrachtet werden sollten, die menschlichen Kunstwerken ebenbürtig sind, der muss

sich unweigerlich mit der Frage auseinandersetzen: Was ist Kreativität überhaupt?

Ganz allgemein wird sie als schöpferische Kraft angesehen, die Neues hervorbringt, das ästhetisch oder nützlich ist und nicht vorhersehbar war. Das Kriterium „Neuartigkeit" können die Computer einlösen. Aber auch „Schönheit" oder „Nutzen"? Das sind höchst subjektive Maßstäbe, die eine Beurteilung fast unmöglich machen.

Um dennoch zu einer Bewertung zu kommen, benutzen Fachleute speziellere Definitionen von Kreativität. „Explorative Kreativität" beispielsweise wendet demnach Regeln an, um für bestehende Probleme neue Lösungen zu finden. Das können Maschinen schon heute besser als wir. Die „kombinatorische Kreativität" verknüpft mehrere verschiedene Ideen und schafft daraus durch freie Assoziation sinnhaftes Neues. Da wird es für viele Maschinen schon eng.

„Transformative Kreativität" schließlich bricht aus dem Nichts mit allem Dagewesenen und bringt völlig Neues hervor – neue Kunstrichtungen zum Beispiel oder wissenschaftliche Revolutionen wie Einsteins Relativitätstheorie. Diese Königsform der Kreativität halten viele Fachleute bei KI für ausgeschlossen.

Michael Katzlberger dagegen, der Chef der Agentur Tunnel 23, sagt, ihm sei klar, dass die Kreativität seiner Künstlichen Intelligenz unvollkommen ist. „Ich zweifele aber nicht daran, dass intelligente Maschinen immer mehr von unseren menschlichen Eigenschaften imitieren und eines Tages vielleicht wirklich einen eigenen Geist entwickeln können."

E

Einen solchen halten die meisten Expertinnen und Experten für notwendig, um die echte, transformative Kreativität zu entwickeln, statt diese nur vorzutäuschen, wie etwa bei „The Next Rembrandt". Bei diesem Projekt haben niederländische IT-Spezialisten einen Computer mit Werken und stilistischen Regeln Rembrandts gefüttert, aus denen die KI dann ein neues Motiv kreierte. „Es sieht aus wie ein Rembrandt", sagt Holger Volland, der Autor des Buches „Die kreative Macht der Maschinen". „Es fühlt sich sogar so an, weil der Pinselstrich in 3-D modelliert ist. Es ist aber kein Rembrandt."

Man kann argumentieren, dass auch andere Maler auf den Schultern der alten Meister stehen und deren Stil nachahmen. Warum nicht auch eine KI? Doch kreative Malerei erfordert mehr, sie ist untrennbar mit Geschichte und Umfeld des Malers verbunden, mit dem Zeitgeschehen. Vor allem erfordert sie eine Intention. „Und die fehlt der Maschine", sagt Volland.

„Roboter tun nur das, was wir ihnen einprogrammiert haben", bestätigt Liat Grayver. Die in Berlin lebende Israelin ist eine Künstlerin, die mit KI arbeitet. An der Universität Konstanz etwa malt sie in einem Projekt der Arbeitsgruppe Visual Computing mit „e-David" Bilder. e-David ist ein ehemaliger Schweißroboter aus der Autoindustrie, aufgerüstet mit Sensoren und Kameras und angeschlossen an einen Computer mit KI.

D

Das Forschungsteam hat ihm den Umgang mit Pinsel und Farbe beigebracht, dazu Regeln der Malerei. Nun entwickeln Malerin und Roboter gemeinsam Bilder. Mal abstrakt, mal konkret nach der Vorgabe eines Fotos.

„Das Ergebnis hat oft nicht viel mit dem Original zu tun", sagt Grayver. Ob ein Roboter eine digitale Grafik erstellt oder ein Gemälde, sei ein Riesenunterschied: Bei Letzterem passiere stets Unvorhersehbares. „Wenn Farbe tropft oder der Pinsel ausfranst, kann er damit nicht umgehen. Menschliche Künstler und Künstlerinnen reagieren darauf intuitiv. Ein Roboter hat keine Intuition."

Wahrhaft kreative Malerei ist untrennbar mit *Geschichte und Umfeld* des Malers verbunden. Vor allem aber erfordert sie: eine *Intention*

SINNSTIFTENDE SINNLOSIGKEIT
Kniet eine Person auf der Betbank nieder, bilden sich auf der Anzeige Sätze. Aus Zigtausenden althergebrachten Weisheiten setzt Klingemanns KI neue Sprüche zusammen, die mal Sinn ergeben – und mal nicht

Aber darum gehe es ihr auch nicht. „Ich erforsche das Zusammenspiel von Mensch und Maschine: Welche neuen Möglichkeiten bietet es für den kreativen Schaffensprozess?" Letztlich ist die KI für Grayver ein Werkzeug, das neue Formen der Kunst ermöglicht.

Dem Konstanzer Forschungsteam geht es außerdem darum, Robotern beizubringen, eigene Entscheidungen zu treffen. Würden sie das können, müsste niemand wie bisher einen Lackier-Roboter in einer Autofabrik umprogrammieren, wenn die Kundschaft besondere Wünsche hat. Der Roboter würde die Ausnahme erkennen und eigenständig auf das Fahrzeug aufbringen.

Ob das dann allerdings als Kreativität bezeichnet werden kann, ist Auslegungssache. Sicher ist: Roboter sind schon heute auf vielfältige Weise künstlerisch tätig. Für wirklich originelle, stimmige Werke fehlt es ihnen aber an: Persönlichkeit.

Gedanken Kraft

Los, geh! Exoskelette – von Motoren angetriebene Stützstrukturen – können die Funktion der Beine übernehmen. Zukünftig sollen sich Gelähmte eine Bewegung bloß vorstellen, damit sie Realität wird

werden

Wenn sich Gehirne mit Computern verbinden, passiert Wundersames: Gelähmte bewegen sich, Stumme kommunizieren

Text: **Ulrich Kraft**

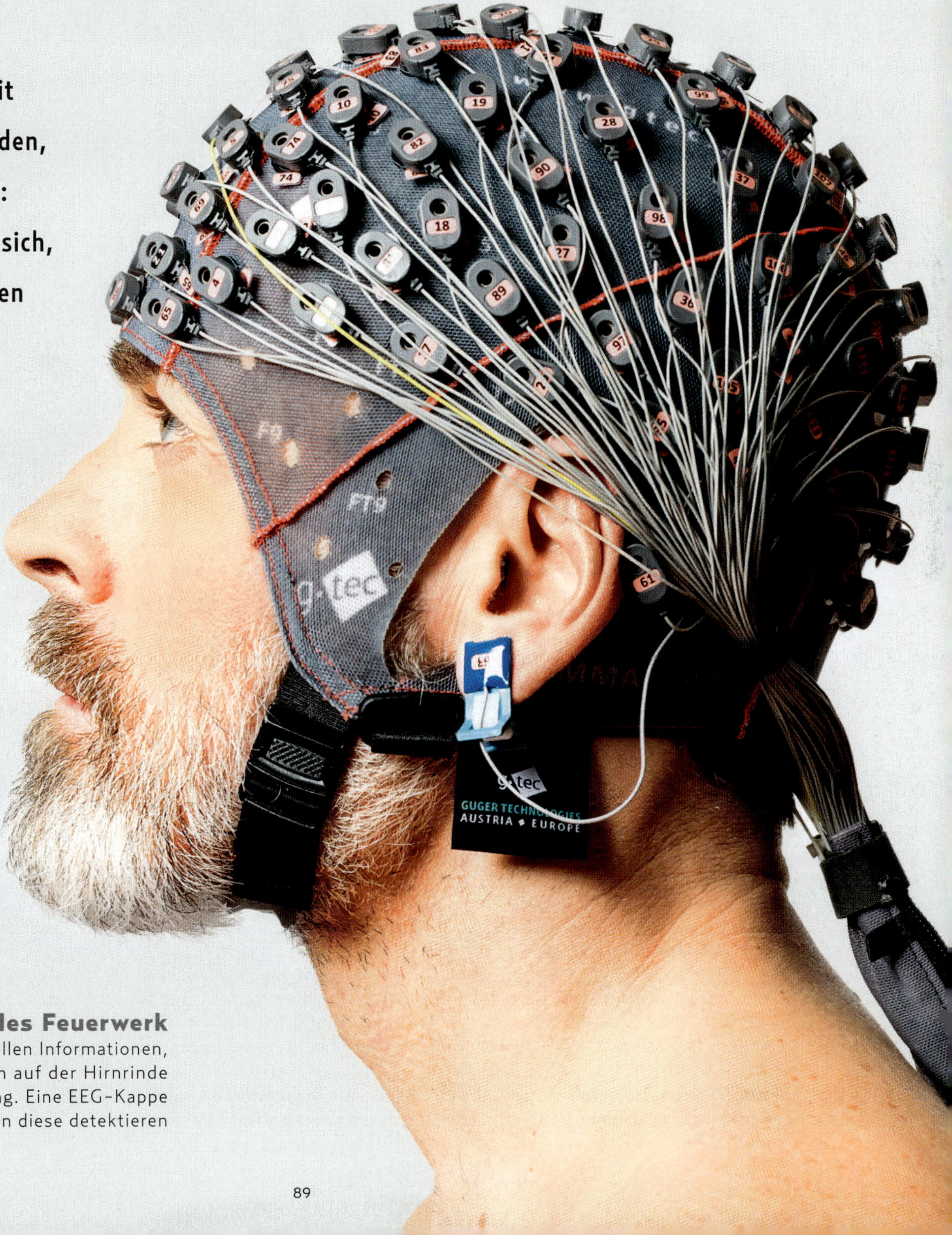

Neuronales Feuerwerk
Verarbeiten Nervenzellen Informationen, bildet sich auf der Hirnrinde elektrische Spannung. Eine EEG-Kappe kann diese detektieren

Gedanken rasen um die Wette
Studierende der University of Florida sind mit Drohnen Rennen geflogen. Sie steuerten diese mittels eines EEG-Bands um ihren Kopf, das ihre Hirnaktivität erfasste

»Drei, zwei, eins … go!«

Kaum hat der Ansager das Rennen freigegeben, erheben sich die Drohnen in die Lüfte. Einige zuckeln mühsam voran, andere surren zielstrebig auf das zehn Meter entfernte Ziel zu. Jedoch lenken die Piloten der Drohnen die Fluggeräte nicht mit einer Fernsteuerung, sondern allein mit ihren Gedanken. Die Teilnehmenden des Brain Drone Race an der University of Florida tragen Headsets, die ihre Hirnaktivität messen. Ein Computer setzt die EEG-Signale in Steuerungsbefehle für die Drohnen um.

„Brain-Computer-Interface" – kurz BCI – heißen solche Schnittstellen zwischen Gehirn und Maschine. Noch steht die Technik am Anfang, doch spektakuläre Erfolge schüren Hoffnung: Forschende wollen mittels BCI Erkrankten verloren gegangene Fähigkeiten zurückgeben.

Technikunternehmen wiederum wollen damit unser aller Leben revolutionieren. Wie dieses Fernziel aussehen könnte, orakelt Microsoft in einem Patentantrag. Darin ersinnt es ein Headset mit der Fähigkeit, „den Status einer Anwendung zu ändern und einen bestimmten Vorgang auszuführen, indem es die Nutzerabsichten anhand von neurologischen Daten erkennt". Laut Microsoft würde das Gerät der tragenden Person ermöglichen, allein kraft ihrer Gedanken Spiele zu spielen, mit Virtual-Reality-Applikationen zu interagieren oder Textverarbeitungsprogramme und Webbrowser zu bedienen. Ja, sie könnte sogar per App ganz reale Maschinen steuern. Doch wie die Hirndaten erfasst werden sollen, das lässt der Softwarehersteller in dem Antrag offen.

Denn die Entwicklungsteams stehen vor gleich zwei riesigen Herausforderungen. Zunächst müssen sie lernen, die Signale des Gehirns zu verstehen. Ein gigantisches Rätsel, denn ein menschliches Gehirn besteht aus rund 86 Milliarden Neuronen, verbunden durch etwa 100 Billionen Synapsen. Sie verarbeiten zeitgleich unzählige Informationen – bewusste und unbewusste Gedanken. Hightech und KI ermöglichen in Laboren immer besser, die Vorgänge im Gehirn zu erfassen, ja sogar ansatzweise Gedanken zu „lesen". Als zweite Herausforderung sind handliche Geräte nötig, um das Hirn nicht nur im Labor, sondern auch im „echten Leben" auszulesen.

Auf beiden Feldern sind die Investitionen groß – und die Fortschritte. Während die Tech-Firmen an ihrer Langzeitvision tüfteln, konzentrieren sich andere Forschende darauf, schon heute mit der bestehenden Technik den Alltag von Erkrankten zu erleichtern. Etwa Gernot Müller-Putz: Der Wissenschaftler von der Technischen Universität Graz arbeitet seit zwanzig Jahren an BCIs. Menschen mit einer Querschnittlähmung im Halsbereich oder einer Nervenerkrankungen wie der Amyotrophen Lateralsklerose (ALS) will er ermöglichen, wieder besser mit ihrer Umwelt zu interagieren. Bewusstsein und Denkvermögen der Betroffenen sind in der Regel völlig intakt. Wegen der lädierten Nervenbahnen können sie aber keine Befehle an die Muskulatur übermitteln, sind also außerstande zu sprechen oder auf einer Tastatur zu tippen. BCIs sollen ihren Willen Wirklichkeit werden lassen.

Gedanken in Taten umzusetzen – das ermöglicht heutzutage standardmäßig die Elektroenzephalografie, kurz EEG. Wenn das Gehirn Informationen verarbeitet, „feuern" die Neuronen, sie entladen sich elektrisch. Geschieht dies bei größeren Gruppen von Neuronen, entsteht auf der Hirnrinde eine Spannung. Diese lässt sich durch Haare, Haut und Schädeldecke hindurch ablesen – mittels Elektroden, die meist in einer Kappe eingebaut sind.

Allerdings lassen sich mit einem EEG keine einzelnen Gedanken „lesen", da eine Elektrode stets enorm viele Neuronen zugleich auswertet. Bislang lässt sich mit dieser Technik lediglich die Aktivität ganzer Hirnregionen bestimmen. Was das EEG übermittelt, vergleicht Müller-Putz mit dem „Rauschen wie bei einem schlecht eingestellten Radiosender".

Dennoch lässt sich mittels EEG ein Computer lenken. Dazu wird die „P300-Welle" detektiert: Erlebt ein Mensch einen äußeren Reiz oder ein für ihn bedeutungsvolles Ereignis, tritt rund 300 Millisekunden später im EEG eine Schwankung des elektrischen Potenzials auf. Die Schwankung steht für ein besonderes Interesse der Person an dem, was sie wahrnimmt. Registriert man dieses Signal, lässt sich mit seiner Hilfe beispielsweise ein Text eingeben. Dazu erscheinen auf einem Monitor in schneller Abfolge verschiedene Buchstaben. Ploppt der von der Versuchsperson gesuchte auf, löst die gestiegene Aufmerksamkeit ein P300-Potenzial aus – der Buchstabe wurde messbar vom Gehirn „ausgewählt". Das langwierige Auswahlverfahren erfordert allerdings viel Zeit und Konzentration, um längere Texte zu diktieren.

Was bei Buchstaben funktioniert, klappt auch mit Noten. Das Grazer Team erprobte dies an achtzehn gesunden Testpersonen. Alle besaßen musikalisches Grundwissen, einer war professioneller Klarinettist. Um das BCI auf das Hirn eines Probanden zu „eichen", mussten die Teilnehmenden zunächst das beliebte Kinderlied „Alouette" abschreiben und wurden dabei per EEG-Kappe überwacht. Dann durften sie mit ihren Hirnströmen frei komponieren. Beim Profimusiker fanden die Töne zu über 98 Prozent ohne Fehler den Weg aus dem Kopf auf den Monitor, bei den übrigen Personen betrug die Trefferquote noch fast 80 Prozent.

Für Gernot Müller-Putz fast noch wichtiger: Allen Teilnehmenden bereitete die Anwendung Freude. Denn geschaffen haben die Grazer den „Brain Composer" vor allem für Menschen, die aufgrund von Lähmungen oder Muskelerkrankungen weitestgehend bewegungsunfähig sind. „Diesen Menschen möchten wir die Möglichkeit bieten, sich mit etwas zu beschäftigen, das Spaß macht", sagt Müller-Putz.

Doch dies sei nur ein kleiner Teil ihrer Forschung: „Unser Hauptgebiet ist, bei vom Hals abwärts Gelähmten die Arm- und Handfunktionen wiederherzustellen." Hier sind zwei Herangehensweisen möglich: Entweder überbrückt ein neurotechnologischer Bypass die unterbrochenen Nervenbahnen zwischen Hirn und Muskeln, sodass die Betroffenen ihre Glieder wieder bewegen können. Oder die Gelähmten steuern mit dem BCI einen künstlichen Roboterarm.

Die Hirnströme, die hierzu ausgelesen werden müssen, sind wesentlich komplexer. Statt EEG-Kappen nutzen manche Teams daher Elektroden, die mit einer Operation direkt am Hirn fixiert werden. So wie bei Erik Sorto: Im Alter von 21 Jahren wurde sein Rückenmark durch eine Schussverletzung durchtrennt. Außerstande, seine Gliedmaßen zu bewegen, meldete er sich zehn Jahre später als Freiwilliger am California Institute of Technology. Dort implantierte man ihm zwei Silikonchips mit je 96 Mikroelektroden in ein Hirnareal, das für die Bewegungsplanung verantwortlich ist. Feine Drähte verbanden jedes der Elektrodenarrays mit einem am Kopf angebrachten zigarettenschachtelgroßen Verstärker, der die Hirnsignale zum Computer leitete.

Ein Stück Alltäglichkeit

Dank einoperierter Elektroden steuerte der vom Hals abwärts gelähmte Erik Sorto einen Roboterarm, um sich selbst ein Getränk anzureichen

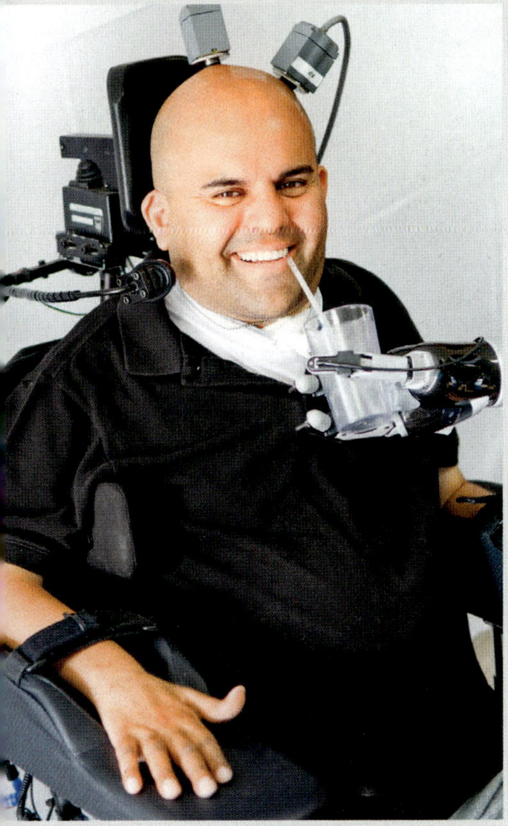

86 Milliarden **NEURONEN** verarbeiten zeitgleich unzählige **GEDANKEN,** bewusste und unbewusste

Anschließend wurde Sorto gebeten, sich immer wieder Bewegungen wie Glas-Anheben und Glas-zum-Mund-Führen vorzustellen. Dabei zeichnete das Caltech-Team die Nervenzellaktivität auf. Solch intensives Training ist bei BCIs unabdingbar, egal ob eine Drohne, ein Rollstuhl oder wie in Sortos Fall ein mechanischer Arm gesteuert werden soll. Denn zum einen muss der Computeralgorithmus lernen, welches Aktivierungsmuster im Hirn eines Patienten mit welcher vorgestellten Bewegung einhergeht. Zum anderen muss der Nutzer üben, diese Hirnmuster so stabil zu produzieren, dass der Rechner sie wiedererkennen kann.

Bereits bei der ersten echten Therapiesitzung gelang es Sorto, den Roboterarm mit seinen Gedanken zu steuern – nach über zehn Jahren Lähmung vom Hals abwärts ein überwältigendes Erlebnis. „Es war, als würde man seinen Körper verlassen", so Sorto. „Ich wollte nur noch herumrennen und jedem High Five geben.“ Das blieb zwar unmöglich. Doch nach 21 Monaten Training konnte der damals 34-Jährige Schere, Stein, Papier spielen, andere per Roboterhandschlag begrüßen und sich den lange gehegten Traum erfüllen, ohne fremde Hilfe und in seinem eigenen Takt ein Bier zu trinken.

Im Falle von Ian Burkhart war es nicht eine Roboterhand, sondern sogar seine eigene, die er dank BCI wieder bewegen konnte. Bei ihm war nach einem Tauchunfall das Rückenmark zwischen dem fünften und sechsten Halswirbel durchtrennt. Prognose: Rumpf und Gliedmaßen lebenslang gelähmt.

Um ihm die Kontrolle über einen Teil seiner Muskulatur zurückzugeben, pflanzte ein Team vom Battelle Memorial Institute und der Ohio State University einen erbsengroßen Mikroelektrodenchip in Burkharts motorische Hirnrinde. Malte sich der Proband im Geiste eine bestimmte Bewegung aus, erfasste der Chip das

Der Patient, **GEFANGEN** in seinem Körper, konnte wieder mit der **UMWELT** kommunizieren

dazugehörige Aktivitätsmuster und leitete es an einen Rechner weiter. Eine lernfähige Software übersetzte die Gedanken in elektrische Impulse, die an eine mit 130 Elektroden ausgestattete Unterarmmanschette weitergereicht wurden und dort die Muskeln stimulierten. Mit dem „NeuroLife“ genannten BCI konnte Ian Burkhart eine Karaffe heben, sich einschenken, umrühren, die Kreditkarte durchs Lesegerät ziehen und – wie ein Video zeigt – sogar in einem Computerspiel Gitarre spielen.

Nicht nur die Motorik, auch die Kommunikation lässt sich dank BCI zurückgewinnen, wie jüngst ein Team der Universität Tübingen spektakulär nachwies. Erstmals konnte sich wieder eine Person, die sich im vollständigen Locked-in-Stadium befindet, ihrer Umwelt mitteilen. Während Locked-in-Betroffene häufig noch winzige Bewegungen, etwa mit den Augen, vollbringen und so kommunizie-

Bilder im Kopf Während Versuchspersonen Fotos betrachteten, registrierte eine KI ihre Hirnaktivität. Daraus rekonstruierte sie zur Aktivität passende Fotos, die tatsächlich grob den Originalen (oberste Reihe) ähneln

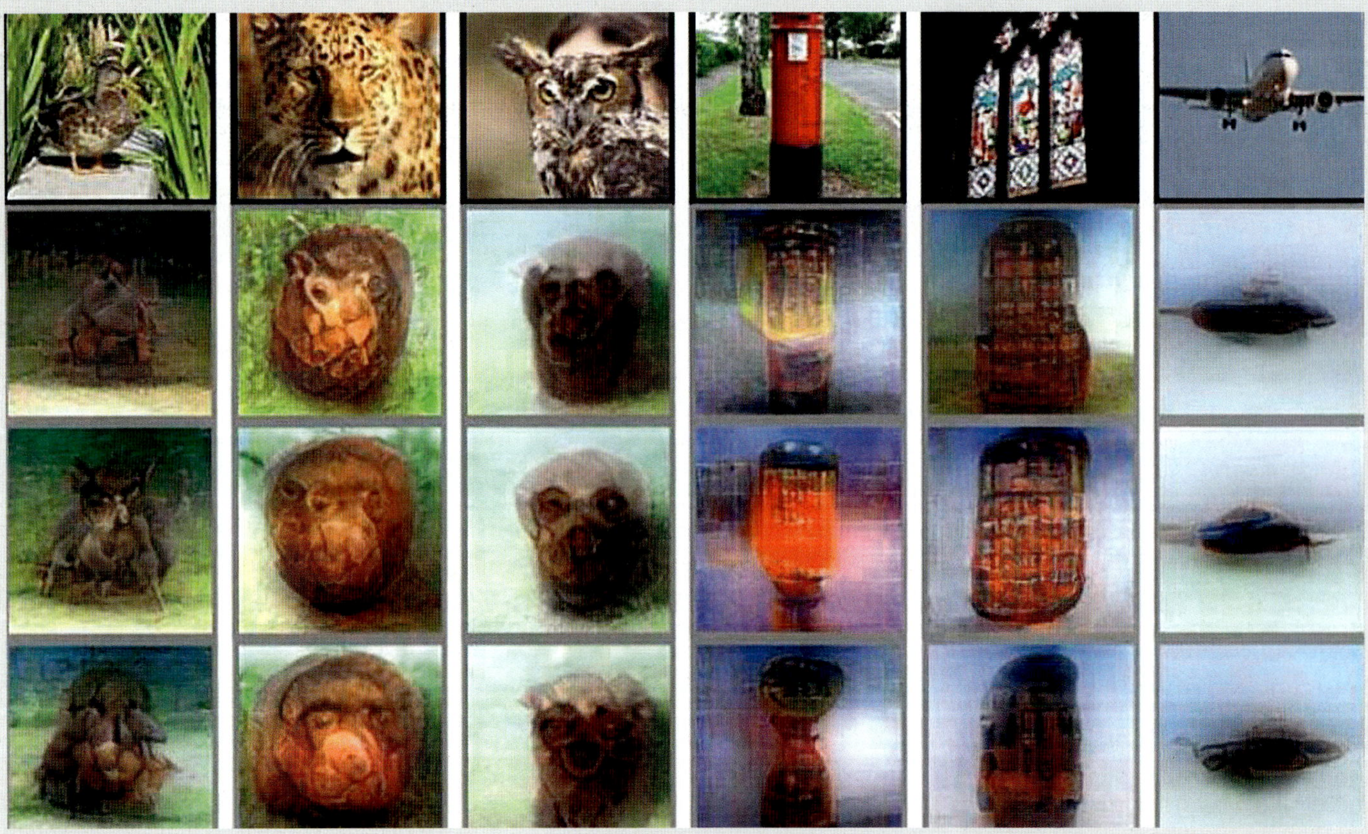

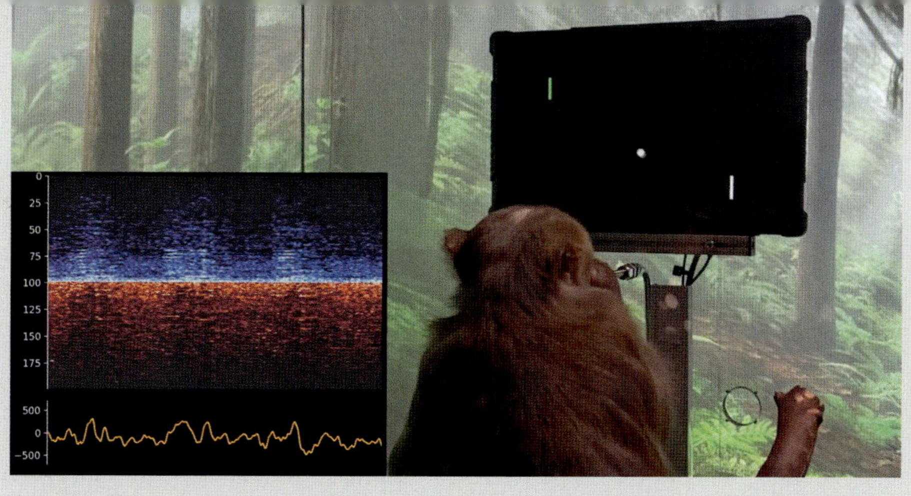

Im Tierversuch Neuralink implantierte einem Makaken Elektroden. Darüber steuerte er ein Computerspiel. Seine Hirnaktivität (u. l.) zeigt seinen Willen, den Cursor nach oben (blau) oder unten (rot) zu bewegen

ren, können diese Betroffene gar keine Muskeln mehr steuern. Und auch der P300-Ansatz funktioniert bei ihnen nicht, wohl weil sie mit ihren Augen nicht mehr einen Monitor fixieren können.

Bei dem an ALS erkrankten Mann implantierte das Tübinger Team zwei Elektroden von je 2,3 Quadratmillimetern Größe im Bewegungszentrum des Hirns. Nach viel Training ließen sich zwei Bewegungen identifizieren, die, wenn der Patient sie in Gedanken ausführte, mit erkennbar unterschiedlichen Hirnstrommustern einhergingen. Mit ihnen konnte der Mann Ja/Nein-Fragen beantworten, indem er an je eine der zwei Bewegungen dachte. Auf diese Weise konnte er auch vorgelesene Buchstaben auswählen – einen pro Minute – und Wörter bilden. Erstmals war er wieder in der Lage, basale Wünsche auszudrücken – und seinem Sohn zu sagen, dass er ihn liebe.

Rüdiger Rupp vom Querschnittzentrum des Universitätsklinikums Heidelberg sieht Fälle wie jene von Sorto und Burkhart allerdings kritisch: „Derart medienwirksame Inszenierungen wecken nur überzogene Erwartungen." Bei den ins Gehirn implantierten invasiven BCIs ist die Signalqualität zwar höher als bei nichtinvasiven EEG-basierten Systemen. Doch dafür gebe es ungelöste Probleme wie etwa die Haltbarkeit, so der Experte für Neuroprothetik. „Schon nach sechs Monaten funktioniert die Hälfte der Elektroden nicht mehr, weil ihre Spitzen von der körpereigenen Abwehr regelrecht aufgefressen werden. Ein Austausch ist aber nicht ohne Weiteres möglich." Tatsächlich kommuniziert der Patient im vollständigen Locked-in-Stadium mittlerweile schlechter über das BCI: Er verlor die Möglichkeit zu buchstabieren. Was neben der bindegewebigen Umkapselung der Elektroden die Ursache dafür ist, darüber können die Tübinger Forschenden nur spekulieren.

Bei invasiven BCIs birgt auch die Operation selbst Risiken. Und nach dem Eingriff besteht die Gefahr, dass entlang der durch die Schädeldecke geführten Drahtverbindungen Erreger ins Gehirn gelangen. Deshalb haben die invasiven Schnittstellen ein Akzeptanzproblem. „In einer Umfrage unter Personen, die für ein BCI infrage kommen, wollten nur die wenigsten Elektroden in den Kopf implantiert bekommen – selbst wenn sie damit bessere Ergebnisse erreichen könnten", berichtet Müller-Putz.

Dass sich die Verbindung zwischen Hirn und Hand prinzipiell auch mit der EEG-Kappe schließen lässt, hat das Projekt „MoreGrasp" gezeigt, das die Grazer Forschenden gemeinsam mit Rupps Heidelberger Team durchführten. Mit einer Kappe und einer Elektrodenmanschette am Unterarm ausgerüstet waren Menschen mit einer Halsmarklähmung in der Lage, durch pure Imagination eine Elektrostimulation des Daumens und der Finger zu steuern und damit ein Glas oder einen Löffel zu fassen. Das Besondere: Die Versuchspersonen sollten sich nicht mehr möglichst eindrücklich die Bewegungen im Geiste vorstellen, sondern schlicht so tun, als würden sie diese ausführen – ein viel natürlicherer, aber auch subtilerer Ansatz. Obwohl die EEG-Signale vergleichsweise undeutlich sind, konnte das Grazer Team in Echtzeit verschiedene angestrebte Handstellungen unterscheiden, etwa den Schlüsselgriff oder den Zylindergriff.

Im Projekt „Feel your reach" wiederum sollten die Versuchspersonen in Graz einen Roboterarm bewegen. Die Erfolgsquote stieg erheblich, wenn sich der Roboterarm in ihrem Sichtfeld bewegte. Indem ihr Hirn über den Sehsinn Feedback erhielt, wurde die Hirnaktivität der imaginierten Bewegungen aussagekräftiger. Um wiederum den fehlenden Tastsinn auszugleichen, sollen Probanden in der Zukunft zusätzlich Vibrationen an der Schulter erhalten, wodurch sie ihre durch

BCI

Mehr Freiheit

Zukünftig sollen sich Gelähmte wieder selbstbestimmt bewegen können, indem eine Kette von Geräten die Befehle des Gehirns an die Muskeln übermittelt

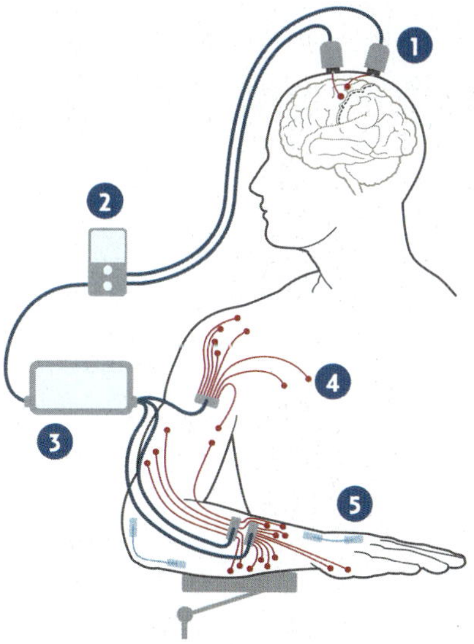

1. Elektroden lesen Hirnaktivität aus
2. Decoder interpretiert mittels KI Hirnsignale in Befehl um
3. Stimulator produziert entsprechend ein elektrisches Signal
4. Elektroden leiten elektrisches Signal an die Muskeln – diese kontrahieren
5. Sensoren ermitteln die Position der Gliedmaße

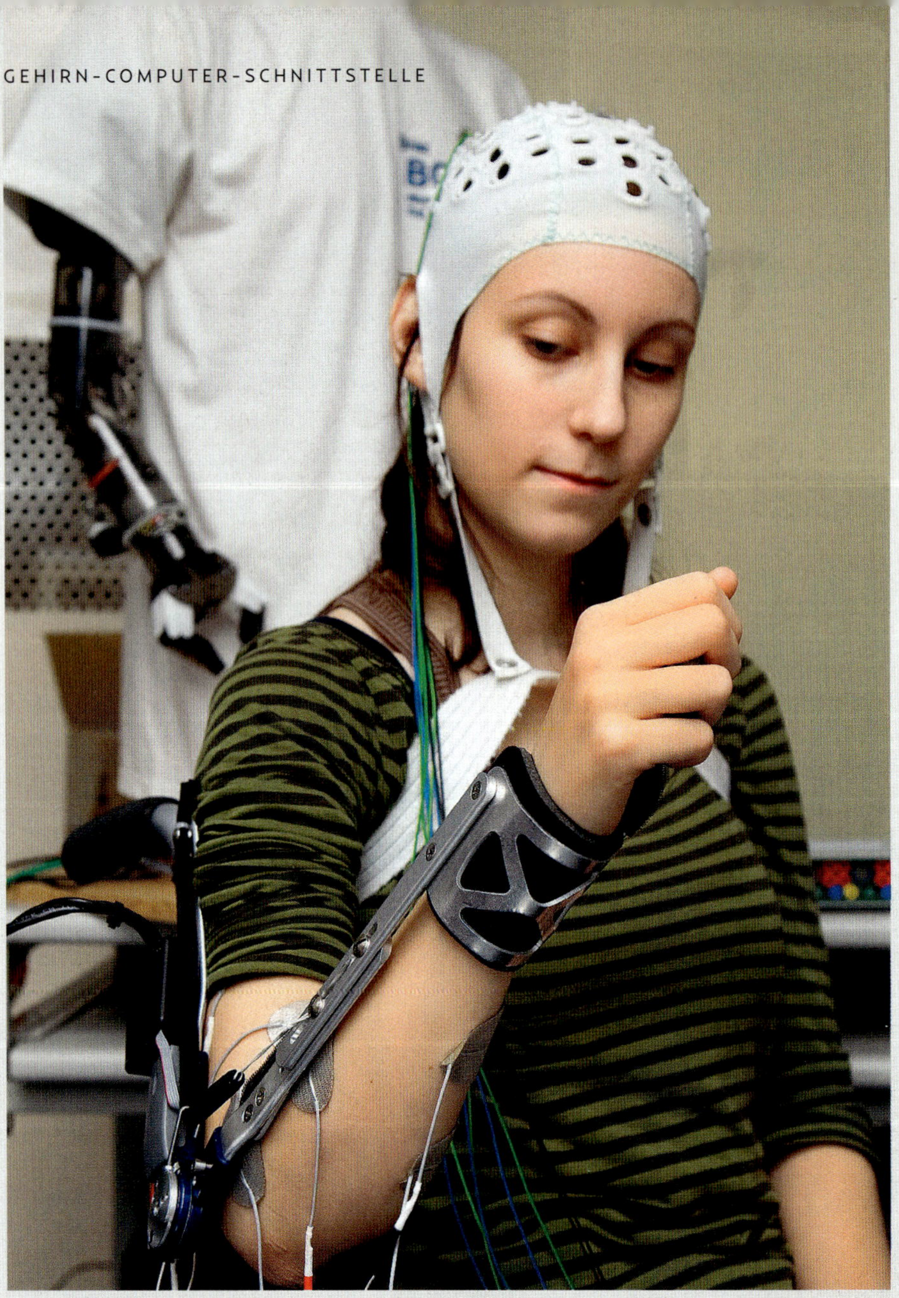

Kontrollgewinn Die an der TU Graz entwickelte Greif-Neuroprothese soll ein Öffnen und Schließen der Hände ermöglichen, damit Betroffene wieder alltägliche Bewegungen ausführen können

Gedankenkraft ausgelösten Bewegungen „erfühlen" können.

Das langfristige Ziel ist, eine Technologie zu entwickeln, die Menschen mit einer hohen Querschnittlähmung im alltäglichen Leben verwenden können. Statt die Messelektroden wie üblich einzeln und mit Kontaktgel auf dem Kopf zu fixieren, verwendet das Heidelberger Team daher ein neues EEG-System, bei dem 32 Schwammelektroden in eine Kappe integriert sind. Das macht die Vorbereitung denkbar simpel. „Die Kappe wird für jede Person individuell angefertigt", sagt Rüdiger Rupp. „Man setzt sie einfach auf – und fertig." Die Betroffenen testen die Kappe in ihrem häuslichen Umfeld. „Nur so können wir herausfinden, wie gut das System unter Alltagsbedingungen funktioniert und was wir noch verbessern müssen." Trotz dieser Erfolge der EEG-Methode bleibt diese hinter den Steuerungsmöglichkeiten invasiver BCIs zurück, sodass bei bestimmten Krankheitsbildern Operationen unumgänglich sein werden.

Ob nun EEG-Kappe oder invasive Elektroden – ein praktikables Gerät zu entwickeln, das aus unserem Gehirn die entscheidenden Informationen ausliest, ist nur eine der Herausforderungen auf dem Weg zum Brain-Computer-Interface. Anschließend müssen aus dem Wust an Informationen die richtigen Schlüsse gezogen werden. Ein Mensch versteht seine eigenen Gedanken nicht mehr, sieht er sie in Form von Hirnströmen. Um darin Sinnvolles zu erkennen, ist Künstliche Intelligenz nötig.

Fotos aus Gedanken zu rekonstruieren gelang ansatzweise schon 2017 einem Team der ATR Computational Neuroscience Laboratories in Kyoto. Zunächst betrachteten die Proband*innen verschiedene Bilder, dabei wurde ihre Gehirnaktivität aufgenommen. Die KI erhielt sowohl die Fotos als auch die Aktivitätsmuster und suchte zwischen ihnen nach Zusammenhängen.

In einem zweiten Schritt sahen die Testpersonen neue Fotos. Aus dem, was dabei in ihrem Hirn geschah, konstruierte die KI ein Foto, das ihrer Ansicht nach solch eine Hirnaktivität hervorrufen würde. In den meisten Rekonstruktionen ließ sich zwar nicht erkennen, was für ein Foto die Menschen gesehen hatten, doch Schemen und Konturen stimmten schon erstaunlich gut.

2021 veröffentlichten Forschende der Stanford University ihre Ergebnisse eines Experiments mit einem Mann, der seit einem Unfall vom Hals abwärts gelähmt ist. In Gedanken sollte er Sätze mit der Hand niederschreiben. Die Vorstellung, die recht komplexen geschwungenen Bewegungen auszuführen, hinterließen markante Signale in den Hirnströmen. Implantierte Elektroden nahmen diese auf, eine KI erkannte die Muster und übersetzte. Bis zu 90 Zeichen konnte der Mann so pro Minute „niederschreiben". Weil sich allerdings die Position der Elektroden ständig leicht veränderte und sich ein Hirn eh immer wieder umbaut, musste die KI regelmäßig neu lernen, die Hirnmuster zu deuten.

Sprache auszulesen ist weitaus komplexer als Bewegungen auszulesen, weswegen in den meisten Experimenten – etwa jenem zur Handschrift – Sprache in Bewegung codiert wird, um eine Botschaft zu senden. Doch ein Forschungsteam der Universität Maastricht sowie der

Universität Bremen konnte im vergangenen Jahr aus den Hirnströmen einer Probandin Wörter rekonstruieren, von denen sich die Frau lediglich vorstellte, sie würde sie laut artikulieren.

Noch sind all dies Versuche unter Laborbedingungen, mit wenigen Menschen, die – oftmals wegen einer Epilepsie – bereits Elektroden implantiert haben. Dennoch: Sollte die Forschung weiterhin große Fortschritte machen, stellt sich in naher Zukunft die Frage, ob nicht auch gesunde Menschen von der Technik profitieren können. Allein mit Gedankenkraft kommunizieren oder die Umgebung kontrollieren – eine faszinierende Idee. Ein neuer, vielleicht ultimativer Schritt in der Digitalisierung. Kein Wunder, dass alle Tech-Firmen dazu forschen.

Doch der Gedanke, dass Facebook und Co direkt in unsere Köpfe blicken könnten, lässt erschaudern. Befürchtungen, Facebook, das seinen Umsatz aus dem Sammeln persönlicher Daten generiert, wolle sich mit einem BCI Zugang zu den Gedanken seiner User verschaffen, versuchte die Firma zu zerstreuen. Das System solle nur jene Worte decodieren, die ans Sprachzentrum weitergeleitet und damit „freigegeben" werden.

Gernot Müller-Putz hält solch eine Unterscheidung für komplett unrealistisch. „Ich kann mir nicht vorstellen, wie man aus dem kontinuierlichen Strom der Gedanken herausfiltern möchte, welche Wörter tatsächlich eindiktiert werden sollen und welche nur Begleitmusik sind."

Die Technik ist noch lange nicht so weit, den Menschen endgültig gläsern zu machen. Mit anderen Fachleuten für Neurotechnologie hat Müller-Putz in einer Roadmap Potenzial und Anwendungsmöglichkeiten von Gehirn-Computer-Schnittstellen bis 2035 skizziert. BCIs könnten Lernsoftware auf die Konzentrationsfähigkeit von Lernenden abstimmen. Sie könnten auch gestresste Börsenmakler*innen warnen, dass ihr Urteilsvermögen gerade getrübt sei und sie deshalb besser keine wichtigen Entscheidungen treffen sollten. „Oder sie könnten Autofahrende warnen, wenn sie abgelenkt sind oder wenn sie müde werden", sagt Müller-Putz.

Angesichts des aktuellen Stands wirken die Visionen von Elon Musk umso größenwahnsinniger. Um in einer von Robotern, Digitalisierung und Künstlicher Intelligenz dominierten Zukunft relevant zu bleiben, sagte Musk, sei es für die Menschen unabdingbar, ihre Fähigkeiten durch „eine Verschmelzung von biologischer Intelligenz und Maschinenintelligenz" zu erweitern. Ansonsten drohe die Menschheit zu den „Hauskatzen" der KI zu werden.

Kann man das glauben?

Ob eine Quelle korrekt ist, fragt sich die Verifikationsredakteurin ***Bettina Süssemilch*** sehr häufig. Aber wie lässt sich belegen, dass Forschende tatsächlich mit Locked-in-Patienten kommuniziert haben? Die vollständig Gelähmten selbst können dies ja nicht bestätigen. Vielmehr kommt es auf die Untersuchungsmethoden, die vollständige Dokumentation der Daten und deren plausible Auswertung an. Die spektakulären Ergebnisse einer Studie des renommierten Neurowissenschaftlers Niels Birbaumer aus dem Jahr 2017 etwa konnten bei der Überprüfung nicht überzeugen – sie lösten damals einen Skandal aus. Erst mit einem neuen Studiendesign bewies der Forscher später, dass ein Patient tatsächlich Fragen beantwortet hat.

»Gedanken werden Kraft« wurde vom GEO-eigenen Quality Board einem Faktencheck unterzogen

Blick in den Kopf Gernot Müller-Putz, Leiter des Instituts für Neurotechnologie der TU Graz, erforscht, wie sich auch ohne operativen Eingriff Hirnbefehle alltagstauglich erkennen lassen

Um die für die Verschmelzung von Hirn und KI nötige Schnittstelle zu entwickeln, gründete der Milliardär das Unternehmen Neuralink. 2021 veröffentlichte es ein Video, in dem ein Makakenaffe ein Computerspiel über ein ihm im Hirn implantierten Chip steuert. Für 2022 hat Musk Versuche mit Menschen angekündigt. „Das ist sehr aufgebauscht", sagt Müller-Putz. „Ich habe bei Neuralink nichts gesehen, was es nicht schon vorher gegeben hätte, abgesehen von der Art und Weise, wie sie Elektroden implantieren wollen." Dennoch verspricht das Unternehmen, dass auch Gesunde schon in zehn Jahren die Breitbandverbindung zwischen grauen Zellen und Siliziumrechner nutzen können.

Zu Musks Plänen schüttelt Gernot Müller-Putz bloß den Kopf. Dennoch ist er sich sicher: „BCIs werden in einer nicht allzu fernen Zukunft zum Alltag gehören – auch bei Gesunden."

Vom Geschöpf zum Schöp

Seit jeher träumt der Mensch davon, ein künstliches Ebenbild zu erschaffen. In der Literatur ging das meist nicht gut aus

Text: **Torben Müller**

fer

Eine trostlose Novembernacht in Ingolstadt, der Regen peitscht gegen die Fenster. Im Schein einer fast herabgebrannten Kerze öffnet sich das trübe Auge einer Gestalt. Ein tiefer Atemzug dehnt ihre Brust, Arme und Beine zucken krampfhaft. Alles an ihr ist menschlich – ihre mächtigen Glieder, die schwarzen Haare, die weißen Zähne. Und doch ist sie kein Mensch. Fast zwei Jahre lang hat Viktor Frankenstein an dieser Kreatur gearbeitet, jetzt erweckt er sie gottgleich zum Leben. „Eine neue Art von Menschenwesen würden mich als ihren Schöpfer preisen, und manches Gute und Edle sollte seinen Ursprung mir zu verdanken haben", hofft er. Doch dann kommt alles ganz anders.

Als Mary Shelley 1818 „Frankenstein oder Der moderne Prometheus", den Klassiker der Schauerromane, veröffentlichte, nahm sie moderne Entwicklungen der Robotik und Künstlichen Intelligenz vorweg. Dennoch war der Stoff ihrer Geschichte alles andere als neu. Shelley griff eine Idee auf, die die Menschheit seit den frühesten Zeiten beschäftigt hatte: die Schöpfung eines künstlichen Menschen.

„Die Vorstellung, Menschen schaffen oder spezifisch menschliche Fähigkeiten simulieren zu können, und zwar aus eigener Kraft, gehört zu den Urträumen der Völker", schreibt der Literaturwissenschaftler Rudolf Drux, der sich mit der Kulturgeschichte des technisch reproduzierbaren Menschen beschäftigt.

Prometheus schuf laut griechischer Mythologie das erste menschliche Wesen

Mit der Kraft der Elektrizität

Die von Frankenstein geschaffene Kreatur sehnt sich nach Liebe. Im Film »Frankensteins Braut« (1935) erhält sie eine Gefährtin

aus Lehm – und verwendete dabei den ähnlichen Ausgangsstoff wie der jüdisch-christliche Gott im Buch Genesis.

Zur gleichen Zeit gingen die frühesten Maschinenwesen, später Androiden genannt, in die Geschichte der abendländischen Literatur ein: Hephaistos, der hinkende Gott der Schmiede, baute sich laut Homer Dienerinnen aus Gold, die ihm den Alltag erleichterten.

Hephaistos und Prometheus waren Götter. Dass ein Mensch ein neues Wesen erschuf, gelang als Erstem nach griechischer Sage Pygmalion von Zypern. Er schnitzte sich zunächst eine Jungfrau aus Elfenbein, die den einsamen, von den Frauen enttäuschten Mann so betörte, dass er sich in sie verliebte. Ganz allein vermochte er sie jedoch nicht zu erwecken. Er bat Aphrodite, die Göttin der Liebe und der Schönheit, um Hilfe, und die hauchte der Statue schließlich Leben ein – diese verguckte sich natürlich wiederum sofort in ihren Schöpfer.

Der Mensch und seine künstlichen Abbilder entstehen in den alttestamentlichen und antiken Erzählungen aus den damals üblichen Materialien, gefertigt werden sie mithilfe der gängigen Kulturtechniken ihrer Zeit: in der Genesis und bei Pygmalion zunächst aus Lehm und Elfenbein, später bei Hephaistos aus geschmiedetem Metall.

Diesseits der Sagenwelt entwickelten Konstrukteure in der Antike die ersten Automaten. Handwerker nutzten in der Mechanikerschule von Alexandrien bereits im dritten Jahrhundert vor Christus Pneumatik und Hydraulik, um ihre Apparate in Bewegung zu setzen. Bis heute legendär ist das Automatenkabinett des Heron, in dem er schon vor rund 2000 Jahren mythologische Geschichten in Szene setzte und dabei Figuren wie von Geisterhand auf einer Bühne zum Beispiel sägen oder ein Beil führen ließ.

Doch hat anscheinend keiner der damaligen Konstrukteure versucht, einen Automatenmenschen zu kreieren. Das könnte damit zu tun haben, dass die Mechanik als etwas Widernatürliches empfunden wurde, als Gaukelei oder Trick, um die organischen Abläufe zu überlisten. Nach Ansicht des Literaturwissenschaftlers und Wissenschaftsautors Frank Wittig wäre deshalb ein ernsthafter Versuch, einen künstlichen Menschen zu erschaffen, in jener Zeit lediglich als Kuriosum aufgefasst worden – zu sicher waren sich die Zeitgenossen ihrer Unnachahmlichkeit.

Das änderte sich allmählich in der Renaissance. Allerdings hielten sich auch jetzt zunächst noch die klassischen Schöpfungswege in den Mythen über die menschgemachten Ebenbilder. So wie in der mittelalterlich-jüdischen Legende vom Golem, aus der über die nachfolgenden Jahrhunderte viele verschiedene Varianten hervorgingen. Das Grundmotiv ist jedoch immer gleich: Menschen formen aus Erde eine menschenähnliche Gestalt

Mit der Kraft der Kabbala

Der Film »Der Golem, wie er in die Welt kam« (1920) variiert die jüdische Legende des Dieners aus Lehm

Mit der Kraft der Götter

Aus Lehm erschafft Prometheus die Menschen und stiehlt für sie das Feuer des Hephaistos

Mit der Kraft der Kunst

Der Bildhauer Pygmalion verliebt sich in seine lebensechte Frauenstatue, die schließlich erwacht

Mit der Kraft der Alchemie

In Goethes »Faust 2« entsteht der Homunculus in einer Phiole und ersehnt dort seine Vollendung

und erwecken sie mittels einer Zeichenkombination an der Figur zum Leben. Wird diese entfernt, ruht das Geschöpf oder zerfällt wieder zu Erde. Solche Zeichenkombinationen sind ein Element der mystisch-kabbalistischen Tradition.

Im Laufe der Zeit schrieben Autoren dem Golem immer neue Rollen und Fähigkeiten zu. So sah man ihn schließlich als Diener seines Schöpfers mit übermenschlichen Kräften – allerdings mit dem Hang dazu, außer Kontrolle zu geraten. Etwa in der bekannten Variante aus dem 19. Jahrhundert, als ein Rabbi am Sabbat vergisst, den Knecht durch Entfernen der lebenseinflößenden Buchstaben an der Stirn vorübergehend ruhen zu lassen, woraufhin dieser kurz davor ist, alles zu vernichten. Erst als es dem Rabbi gelingt, die Buchstaben – in diesem Fall bilden sie den Namen Gottes – aus dem Gesicht des Golems zu entfernen, zerfällt dieser zu Erde.

In dieser Golem-Sage scheint jenes Motiv auf, das noch heute viele Fiktionen von Androiden bestimmt: Der Mensch maßt sich göttliche Schöpferkraft an und erschafft sich ein künstliches Ebenbild. Doch weil er es nicht kontrollieren kann, wendet sich die Kreatur gegen ihren Erschaffer und stürzt die Welt, gleichsam als göttliche Strafe für die menschliche Selbstüberschätzung, ins Chaos. Am Ende bezahlen Maschine oder Schöpfer mit dem Leben.

In der **Antike** waren sich die **Menschen** noch ihrer **Unnachahmlichkeit** gewiss

Geschichten wie die vom Golem mussten den Menschen in der Frühen Neuzeit nicht mehr völlig illusorisch erscheinen. Als Alchemisten sich daran machten, den Stein der Weisen zu destillieren, zu sublimieren, zu schmelzen – jene Substanz, die Unsterblichkeit versprach und Blei zu Gold verwandeln sollte –, verkündete der deutsche Arzt Paracelsus in seinem „Buch von den natürlichen Dingen" ein Rezept, nach dem ein Homunculus, Lateinisch für Menschlein, zu erschaffen sei. Danach sollte das Sperma eines Mannes mit Pferdemist gemischt und einem Fäulnisprozess unterzogen werden. Unter gleichbleibender Wärme und Zugabe von Menschenblut solle so innerhalb von vierzig Tagen „ein recht lebendig Kind" entstehen, allerdings ein viel kleineres als jenes, „das von einem Weibe geboren wird".

Johann Wolfgang von Goethe nahm die Homunculus-Idee in seinem Faust auf und ließ im zweiten Band ein solches Wesen im mittelalterlichen Labor des Famulus Wagner entstehen. Das tritt jedoch nicht körperlich in Erscheinung, sondern nur als Leuchten in einer Phiole – bis es sich schließlich mit dem Wasser des Meeres vermischt und sich auflöst.

Der Literaturwissenschaftler Drux sieht Goethes Episode vom Homunculus als Absage an zu hohe Erwartungen an die damalige Wissenschaft. Als Goethe die Geschichte um 1828 entwarf, war dem Chemiker Friedrich Wöhler gerade die synthetische Herstellung von Harnstoff gelungen. Damals hätten, so Drux, nicht wenige Zeitgenossen geglaubt, „dass durch die künstliche Gewinnung eines Stoffwechselproduktes endlich der Weg zum künstlichen Menschen gebahnt sei. Solchen Vorstellungen wirkte Goethe mit

Mit der Kraft der Mechanik

Im 18. Jahrhundert fördert Jacques de Vaucanson mit seinen Automaten die Vorstellung, der Mensch sei bloß ein komplexes Uhrwerk

der dramatischen Anlage seiner Homunculus-Figur entgegen."

Die Aufklärer des 17. und 18. Jahrhunderts ließen die Alchemie hinter sich und setzten auf dem Weg zum künstlichen Menschen ausgerechnet auf jene Lehre, die in der Antike noch als Taschenspielertrick belächelt worden war: die Mechanik. Maßgeblich dafür war die spätmittelalterliche Erfindung der Räderuhr mit Hemmung, die den Lauf des Uhrwerks regelmäßig für einen Sekundenbruchteil stoppt. Damit konnten Feinmechaniker nicht nur deutlich genauere Zeitmesser bauen, sondern auch präzisionsgesteuerte Maschinen.

Entscheidender Pionier auf diesem Gebiet war Jacques de Vaucanson. Mit seinen drei Automaten, die er für die Pariser Akademie der Wissenschaften konstruierte, erregte der Franzose weit über die Grenzen seiner Heimat Aufsehen. Die staunte 1738 über einen nahezu lebensgroßen Flötenspieler aus Holz, der mit seinen beweglichen Fingern und Lippen zwölf Musikstücke über drei Oktaven auf seinem Instrument spielen konnte. Ermöglicht wurde das durch ein kompliziertes System aus Uhrwerken, Hebeln, Walzen und Blasebälgen, das sich im Inneren der Figur befand.

Die anfängliche **Begeisterung** für technische **Wunderwerke** schlägt um in **Angst**

Vaucansons nachfolgender Pfeifenspieler begleitete sich selbst auf dem Tamburin und soll besser und schneller gespielt haben als ein Mensch. Mit seiner mechanischen Ente stellte der Erfinder schließlich alle Automaten in den Schatten, die er und andere bis dahin gebaut hatten: Das künstliche Tier konnte unter anderem nicht nur herumwatscheln und schnattern, sondern auch Futter fressen – und es als kotähnliches Exkrement wieder ausscheiden.

Übertroffen wurden die Maschinen des Franzosen einige Jahre später von den Androiden der Schweizer Uhrmacherfamilie Jaquet-Droz. Deren „Schriftsteller“ brachte frei programmierbare Sätze mit Tinte und Feder zu Papier, folgte dem Text dabei mit den Augen und tropfte sogar überschüssige Farbe am Tintenfass ab. Und ihre „Musikerin“ spielte fünf vermutlich von ihrem Erbauer komponierte Stücke auf einem orgelähnlichen Instrument, indem sie die Tasten tatsächlich niederdrückte und so die Töne hervorrief. Dabei „atmete“ sie, bewegte ihre Augen und deutete am Ende eine Verbeugung an.

Solche verblüffend echt wirkenden Menschmaschinen mit ihren komplizierten Mechaniken spiegelten das Weltbild ihrer Zeit wider. Im 16. Jahrhundert hatte der französische Philosoph René Descartes die Grundidee entwickelt, dass alle Naturerscheinungen allein auf mechanische und physikalische Prinzipien zurückzuführen seien. Den Menschen sah er als Maschine mit einer Seele an, die er in einer kleinen Drüse im Gehirn verortete. Einmal aufgezogen, verrichtete dieser seine Arbeit wie ein Uhrwerk. Was lag da für die Konstrukteure der Frühen Neuzeit näher, den menschlichen Körper nachzubauen und dessen Bewegungen möglichst genau nachzuahmen?

Im Mittelalter war schon allein der Gedanke, ein künstliches Menschenwesen zu erschaffen und dem Schöpfer damit auf Augenhöhe zu begegnen, als sündig und frevelhaft erschienen. Doch in der Mitte des 18. Jahrhunderts traten die religiösen Bedenken hinter die allgemeine Begeisterung für die Forschung zurück. Nun waren die Menschen überzeugt, dass sie die Natur bändigen und womöglich durch eigene Kreationen vervollkommnen könnten. Und so wurden die Automaten, die Vaucanson, Jaquet-Droz und andere geschaffen hatten, in Europa begeistert bestaunt.

Mit der Kraft des Menschen

Der von Alexandre Nicolas Théroude kolonialistisch dargestellte Flötist musiziert per Kurbel (um 1870)

Zwangsläufig stellte sich angesichts solch schreibender und musizierender Mechaniken die Frage, ob Androiden schließlich irgendwann einmal denken können würden wie echte Menschen – oder ob letztere vielleicht eigentlich selbst nur Automaten seien. Friedrich von Knauss, der 1760 Kaiser Franz I. in Wien seine „allesschreibende Wundermaschine“ präsentiert hatte, bei der eine mechanische Frau wie von Zauberhand einen Federkiel führte, kam zu der eindeutigen Antwort, dass „weder Maschinen Verstand haben, noch die Menschen Maschinen seyn können“. Denn wäre der Mensch, der die Frage stellt, nur eine künstliche Konstruktion, könnte er sein Misstrauen gar nicht formulieren, argumentierte von Knauss. Schließlich beruhe solches Zweifeln auf zutiefst menschlichen Fähigkeiten wie Beurteilen und Schlussfolgern.

Die anfängliche Begeisterung für die technischen Wunderwerke schlug am Ausgang des 18. Jahrhunderts in Angst vor deren potenziellen Schattenseiten um. Autoren fürchteten nun den künstlichen Menschen, der seinen Schöpfer womöglich überwältigen oder von diesem als Werkzeug des Bösen missbraucht werden könnte – und dessen Verwirklichung angesichts des technischen Fortschritts nun realer erscheinen musste als im Mittelalter oder sonst jemals zuvor. So endet etwa E.T.A. Hoffmanns Held in der 1815 erschienenen Erzählung „Der Sandmann“ in Wahnsinn und Suizid, nachdem er sich in die bezaubernde Automatenfrau Olimpia des niederträchtigen Konstrukteurs Spalanzani verliebt. Ganz offen bekannte sich Hoffmann denn auch zu seiner Verachtung für die Androiden: „Mir sind alle solche Figuren, die (...) das Menschliche nachäffen, diese wahren Standbilder eines lebendigen Todes oder eines toten Lebens, im höchsten Grade zuwider.“

Die Kritik dieser Epoche gipfelte schließlich 1818 in Mary Shelleys Roman. Angeregt wurde die Schriftstellerin wohl durch die Experimente des Italieners Luigi Galvani, der 1786 präparierte Froschschenkel mittels Strom zucken ließ, woraufhin halb Europa spekulierte, ob Lebewesen eine ihnen innewohnende „tierische Elektrizität“ besäßen.

In der Geschichte flickt der übereifrige Student Frankenstein eine Kreatur aus Leichenteilen zusammen, die er durch Elektrizität zum Leben erweckt. Doch schon als er dem Geschöpf Leben einhaucht, bereut er seine Tat: Zu hässlich und beängstigend erscheint das Monster. Als dem eigentlich gutmütigen Geschöpf Zuwendung und Liebe von den Menschen versagt bleiben, rächt es sich an seinem Erschaffer und tötet alle Personen, die diesem nahe stehen. Frankensteins Kreatur übertrifft bei Erscheinen des Buches alle bisherigen realen und fiktiven künstlichen Menschenwesen, besitzt sie doch schließlich echte Haut und Knochen sowie eine Seele. Erstmals zeigt ein künstliches Wesen damit in einer solchen Geschichte derart menschliche Züge und menschliche Bedürfnisse.

Mit seinen Gefühlen, seinem Willen und schließlich seiner Wut ist das Geschöpf für den Erschaffer nicht zu kontrollieren wie eine programmierbare Maschine. Das eigentliche Monster aber ist Frankenstein, der – so lautet die Botschaft der Geschichte – sich zunächst einmal aus Eitelkeit und Ehrgeiz gegen die armselige Gestalt versündigt, die er einfach in die Welt gesetzt hat, ohne die Folgen seiner abscheulichen Tat für sie und ihre Umwelt vorher zu bedenken; und der sich, hier folgt die Autorin der mittelalterlichen Erzähltradition, in den Rang eines schöpferischen Gottes erhebt.

Der Forscher stirbt auf der Jagd nach seinem Geschöpf im ewigen Eis, bemüht, seinen Fehler rückgängig zu machen. Seine Kreatur lebt weiter – ebenso wie die Debatte, wo die Grenzen der von Menschenhand geschaffenen künstlichen Schöpfung liegen sollten. Eine uralte Menschheitsfrage, deren Beantwortung zunehmend drängt.

Die Grenzen des Körpers

Ka Hei Suen

Virtuelle Realität berühren

Unsere Intuition sagt uns, dass nur wirklich ist, was wir auch anfassen können. Unter anderem deshalb wirken virtuelle Welten unnatürlich. Das wollen die vier Londoner Designstudierenden Ka Hei Suen, George Wright, Charlotte Furet und Andre McQueen ändern. Sie haben interaktive Kleidungsstücke entworfen, deren zahlreiche Aktoren elektrische Impulse in mechanische Reize umsetzen. So führt das Berühren eines virtuellen Gegenstandes oder einer virtuellen Person zu einer unmittelbaren Empfindung auf der Haut. Die Grenze zwischen physischer und virtueller Welt verschwimmt.

des überwinden

Text: **Enno Park**
Fotos: **David Vintiner**

Beim Bodyhacking verändern Menschen sich mit technischen Mitteln. Sie erweitern ihre Fähigkeiten, ergänzen ihre Sinne, nehmen ihre Umwelt neu wahr. Spielerisch erfinden sie das Menschsein neu

Rob Spence

Die eigene Sicht filmen

Viele Prothesen dienen nur der Ästhetik. Ein Glasauge soll dem natürlichen Vorbild möglichst ähnlich sehen, hat aber sonst keine Funktion. Das reizte den Spieltrieb des einäugigen Filmemachers Rob Spence. Gemeinsam mit dem Augenarzt Marcin Jaworski entwickelte er ein Glasauge mit eingebauter drahtloser Videokamera. Sehen kann Rob Spence mit seinem künstlichen Auge zwar nicht, jedoch filmen, was in sein Sichtfeld gerät. Seine Prothese besitzt er in zwei Varianten: eine normale und eine, deren Iris rot leuchtet – wie beim »Terminator«.

Neil Harbisson

Farben vernehmen

Farben und Töne teilen eine Gemeinsamkeit: Sie haben Frequenzen. Lange Lichtwellen sehen wir als Rot, kurze als Blau. Genauso ergeben lange Schallwellen die Bässe und kurze die Höhen. Diese Ähnlichkeit macht sich der farbenblinde Neil Harbisson zu Nutze. Er trägt eine Antenne mit einem Farbsensor, der Farbfrequenzen erkennt und diese an einen vibrierenden Chip im Hinterkopf weiterleitet. Durch die Resonanz der Knochen hört er die Farben als Töne. Seit die Antenne ausnahmsweise auf seinem Passfoto zu sehen sein darf, gilt Neil Harbisson als erster staatlich anerkannter Cyborg. Bleibt die Frage, ob nicht eher ein Brillenträger aus früheren Jahrhunderten den Titel für sich beanspruchen kann.

Moon Ribas

Die Erschütterung der Welt spüren

Der Grund, auf dem wir stehen, bebt – tagtäglich. Das hat die spanische Tänzerin Moon Ribas in ihrer Kunst verdeutlicht. In ihren Füßen trug sie von 2013 bis 2019 zwei Implantate, die drahtlos über das Internet mit Seismografen auf der ganzen Welt verbunden waren. Die Implantate vibrierten in passender Stärke, wann immer irgendwo auf der Welt die Erde bebte. Die gespürte Erdaktivität verwandelte Ribas auf der Bühne in getanzte Choreografie, um ihre Mitmenschen an dieser Erfahrung teilhaben zu lassen. Heute, nach Entfernung der Implantate, hat sie weiterhin Phantomempfindungen der seismischen Aktivität des Planeten.

Aisen Caro Chacin

Den Raum hören

Wie es wohl ist, eine Fledermaus zu sein, fragte der Philosoph Thomas Nagel 1974 in einem Gedankenexperiment. Seine Antwort: Weil ihre und unsere Sinne sich unterscheiden, werden wir das nie wirklich erfahren können. Allerdings wusste Nagel noch nicht, dass wir uns der Wahrnehmung einer Fledermaus annähern können – mit den »Echolocation Headphones« der japanischen Designerin Aisen Caro Chacin. Das Gerät verdeckt die Augen, sendet Schallwellen aus und macht ähnlich wie ein Echolot deren Reflexionen hörbar. Mit genügend Training gelingt so die Orientierung im Raum. Blinde Menschen können das übrigens auch ohne technische Hilfe – wenn auch in begrenztem Umfang.

Manel Muñoz

Das Wetter belauschen

Zwar haben manche Menschen ein Gespür für das Wetter und seine Schwankungen, doch bei den meisten ist dieser Sinn eher unterentwickelt. Der spanische Künstler Manel Muñoz hat sich seinen Wettersinn selber gebaut. Sensoren, die er im Genick trägt, messen ständig Luftfeuchtigkeit, Temperatur und Atmosphärendruck. Das Gerät verarbeitet diese Daten zu Klängen, die über Schallwandler am Ohr ausgegeben werden. Mit der Zeit hat Manel Muñoz gelernt, Muster aus den Tönen herauszuhören. Ohne ein Barometer zu Hilfe zu nehmen, weiß er, wie hoch er sich über Normalhöhennull befindet, und kann vorhersagen, ob Regen oder gar ein Sturm naht.

Kevin Warwick

Bewegung teilen

Wenn heute Menschen mit Behinderung Prothesen nutzen, die sie wie natürliche Gliedmaßen kraft ihrer Gedanken bewegen können, dann geht das auch auf die Arbeit von Kevin Warwick zurück. Der britische Professor forscht seit Jahrzehnten an technischen Schnittstellen im Körper. Unter anderem hat er die Nerven in seinem Arm elektrisch an eine Roboterhand angeschlossen, die er daraufhin wie seine eigene bewegen konnte. Auf ähnliche Weise hat er auch sein Nervensystem mit dem seiner Frau verbunden, sodass die beiden Ehepartner jeweils die Gesten des anderen spüren konnten – eine Erfahrung, die er mit »intimer als Sex« beschreibt.

Wohlfühloasen

AUFTANKEN VON KÖRPER, GEIST UND SEELE

Bild: ©Shutterstock.com | ValuaStudio

Impressum: Feldkircher Medienpartner GmbH, GF Walter Feldkircher, Kirchnerstraße 6, A-6111 Volders
www.feldkircher-medienpartner.com, Firmenbuch-Nr. FN 464135b – LG Innsbruck, UID-Nr. ATU 73277367

Wer in seinem Urlaub in harmonischer Atmosphäre zur Ruhe kommen und aktiv Kraft tanken möchte, ist in erstklassigen Wohlfühloasen, die ihr Hauptaugenmerk auf ganzheitliche Erholung legen, bestens aufgehoben. Denn bei der bis ins kleinste Detail durchdachten, variantenreichen Palette an Verwöhn- und Regenerationsmöglichkeiten der hier präsentierten Häuser, die alle durch höchste Qualität und eine individuelle Note überzeugen, stehen Sie als erholungssuchender Mensch im Mittelpunkt. Sinnvolle, medizinisch fundierte Treatments, auf Ihre Bedürfnisse abgestimmte Aktivierungsprogramme und eine vitalisierende Küche bringen Ihren Körper und Geist in Balance. Genießen, loslassen, wohlfühlen: Werfen Sie einen Blick auf das hervorragende Angebot für Ihre Auszeit mit Mehrwert und wählen Sie Ihren persönlichen Wohlfühlspezialisten.

SPECIAL

Majestics BERGSOMMER
vom 20.05.–20.07.2022 ab € 822,00
- 7 ÜN zum Preis von 6 – inklusive der Majestic-3/4-Verwöhnpension
- wöchentliches Aktiv-/Wanderprogramm mit unserem Wanderführer Peter
- kostenloser Verleih Outdoor-Equipment
- Outdoor-Sauna
- Mountain- und E-Bike-Verleih (E-Bikes gegen Gebühr)
- HOLIDAY PASS

Buchen Sie jetzt Ihren Aufenthalt im Das Majestic und Sie erhalten mit Code #auchwirkommeninsmajestic **exklusiv** 5 % Rabatt auf Ihren nächsten Aufenthalt.

DAS MAJESTIC HOTEL & SPA ****S

Ihr Hotel am Kronplatz in Südtirol!

Das Majestic bietet Ihnen neben Erholung und Genuss auch ein einzigartiges Zusammenspiel aus Südtiroler Tradition, frischer Bergluft, abenteuerlichen Berg- und Radtouren sowie Sonne von früh bis spät. Das Ganze wird von einem sehr familiären Ambiente abgerundet.

Was gibt es Besseres, als sich nach einem erlebnisvollen Tag ins Wasser zu stürzen, zu entspannen und sich mit einem kühlen Kopf in unseren Garten zu legen und (endlich) das Lieblingsbuch fertig zu lesen. Auch für knurrende Mägen schaffen wir Abhilfe: Unsere 3/4-Verwöhnpension versorgt Sie von früh bis spät.
Dank unserer einmaligen Lage können Sie den Sonnenuntergang entspannt von unserer 180°-Panoramasauna aus genießen.

Übrigens – wichtig für unsere Städtebummler: Wir sind nur einen Katzensprung (5 Minuten) vom malerischen Alpenstädtchen Bruneck entfernt.

Wie klingt das? Noch nicht ganz überzeugt? Dann empfehlen wir Ihnen, bei uns vorbeizuschauen und sich selbst zu überzeugen.

Familie Feichter & Rastner
und die Majestic-Engel würden sich freuen!

Das Majestic ****S
Familie Feichter, Im Gelände 20, 39031 Reischach/Bruneck, Südtirol, ITALIEN
T +39 0474 410993, info@hotel-majestic.it, www.hotel-majestic.it – IT01510390212

ALPINE WELLNESSHOTEL CERVOSA *****

Erleben Sie uneingeschränktes Wohlgefühl inmitten einer fantastischen Ferienregion. Das Hotel Cervosa in Serfaus begeistert nicht nur mit seiner beeindruckenden Aussicht auf die Bergwelt, sondern auch mit zahlreichen Aktivitäten am Sonnenplateau.
Von Kulinarik über Wellness bis hin zum Wohnen erleben Sie hier fantastische Urlaubstage auf 5-Sterne-Niveau.
Auf über 3.000 m² wartet eine Oase der Entspannung: 11 verschiedene Saunen und Dampfbäder, ein Außen-Relax-Whirlpool in bester Panoramalage, 2 Whirlpools, Hallenbad, Gartenanlage, Außenpool (11 x 4 m), Outdoor-Infinity-Pool (8,5/5,5 x 13 m), Panoramasauna sowie ein vielseitiges Angebot an wohltuenden Spa- und Wellnessanwendungen sorgen dafür, dass Sie während Ihres Urlaubs abschalten und sich rundum erholen können.

Beim Check-in erhalten Sie die **Super.Sommer.Card, mit der Ihnen 10 Seilbahnen, Wanderbus sowie zahlreiche Aktivitäten und Themenwanderwege zur Verfügung stehen. Mit der Sommersaison 2022 wird ein Leistungsbeitrag in Höhe von € 5,00 pro Erwachsenen und € 2,50 pro Kind (2007–2015) verrechnet.**

Verbringen und genießen Sie vom 15.06.–09.10.2022 einen außergewöhnlichen Bergsommer im Cervosa.

SPECIAL

Genusstage
7 Nächte zum Preis von 6
25.06.–09.07.2022

- 7 Übernachtungen inkl. Wellness & Gourmetpension
- freie Benutzung der 3.000 m² großen Wellness- und SPA-Landschaft
- Vitalprogramm und zweimal täglich Saunaaufgüsse

ab € 948,00 pro Person & Woche
im Doppel-Komfortzimmer Nord

Wellnesshotel Cervosa *****
Hugo Westreicher GmbH, Familie Westreicher, Herrenanger 11, 6534 Serfaus, Tirol, ÖSTERREICH
T +43 (0) 5476 6211, info@cervosa.com, www.cervosa.com – ATU32773601

SPECIAL

HIGHLIGHT 2022 – die NEUE Quellenhof See Lodge „adults only“

Ab April erwartet Sie in Südtirol die neue **Quellenhof See Lodge**, ein Wohlfühlort **nur für Erwachsene (ab 14 Jahren).**

In perfekter Harmonie spiegelt sich im **4.500 m² großen See** eine atemberaubende alpine Kulisse, gepaart mit dem mediterranen Flair des neuen exklusiven Hauses. Modernes Design und hochwertige Materialien bestimmen die Architektur des leicht maledivisch anmutenden Luxushotels.

QUELLENHOF LUXURY RESORTS

Ihre SPA-HIDEAWAYS de luxe

In Südtirol und in Lazise am wunderschönen Gardasee trifft man auf 5-Sterne-Luxusurlaub im Doppelpack, ab April 2022 sogar in dreifacher Ausgabe. Die Quellenhof Luxury Resorts vereinen in perfekter Harmonie Südtiroler Herzlichkeit und das typische italienische Lebensgefühl „la dolce vita“. Das Quellenhof Resort in Südtirol ist eine wahrgewordene Spa- & Sportoase für Familien und ruhesuchende Erwachsene. Auf 10.500 m² Spa-Fläche finden sich insgesamt 23 Saunen und 12 beheizte Indoor- und Outdoor-Pools. Und der Acqua Family Parc – Südtirols größter – erfreut vor allem die kleinen Gäste! Auch im großzügigen Spa des Quellenhof Luxury Resorts Lazise wird den Gästen auf 2.000 m² Wellness & SPA vom Feinsten geboten. Vom ganzjährig beheizten Skypool (Adults-only-Bereich, 21 m) aus hat man außerdem einen wundervollen Blick auf den Gardasee.
Neben einem exklusiven und vielfältigen Wellness- und Spa-Angebot, welches sowohl in Südtirol als auch in Lazise seinesgleichen sucht, bestechen beide Resorts durch ihr **ausgezeichnetes kulinarisches Angebot.** Zusätzlich zur klassischen Gourmet-Halbpension bietet z. B. der **Quellenhof in Passeier** seinen Gästen in zwei weiteren Restaurants, der „Gourmetstube 1897“ (2021 vom Gault&Millau mit 3 Hauben ausgezeichnet!) und dem Sky-Restaurant „Teppanyaki“, Kochkunst vom Feinsten!

Quellenhof Luxury Resorts
Südtirol | Gardasee, ITALIEN
Familie Dorfer
www.quellenhof-resorts.it

HOTEL GIARDINO MARLING *****

Schon die Anreise zum Giardino Marling oberhalb von Meran gibt einen Vorgeschmack auf den idyllischen Charme des 5-Sterne-Hotels. In einer reizvollen Hanglage mit fantastischem Ausblick, umgeben von sattem Grün und den umliegenden Bergen, Tälern und Wäldern, sind mehr Ruhe, Inspiration und sonnige Lebensfreude kaum möglich. Gewiss gehört das Giardino mit seinem Interieur zu den schönsten Relaxadressen der Region. Warme Materialien und sanfte Farben, mit viel Gespür eingerichtet, um ein elegantes und dennoch gemütliches und behagliches Ambiente zu bieten. In den komfortablen Zimmern fühlt sich der Gast gleich willkommen: bezaubernde Räume, hell, luftig, mit edlen Möbeln und schönen Stoffen. Auch auf die ganz persönliche und individuelle Betreuung der Gäste wird großer Wert gelegt.

SPECIAL

Pause vom Alltag
19.06.–09.07.2022

Einmal nichts müssen. Keine Termine, die uns dicht auf den Fersen sind, kein „Muss" und kein „Soll", das unseren Blick verengt. Bei einem Aufenthalt von 7 Tagen schenken wir Ihnen einen Wellnessgutschein von € 50,00 pro Zimmer.

Nähere Infos dazu finden Sie unter www.giardino-marling.com

Hotel Giardino Marling ***
Ulrike Spögler
St. Felixweg 18
39020 Marling bei Meran
Südtirol, ITALIEN
T +39 0473 447177
info@giardino-marling.com
www.giardino-marling.com
IT01177650213

HOTEL PATRIZIA ****S

TRAUMHAFTE AUSSICHTEN. RUHE – GENUSS – WELLNESS
Mediterranes Flair inmitten von Obstplantagen, Palmen und Bergen. Relaxen, genießen und wieder aufatmen in exklusiven Logenplätzen der Natur. Links der imposante Ifinger, rechts der Vinschgau und zu Füßen die Kurstadt Meran und das weite Etschtal. Im Hotel: erlesenes Interieur, helle, luftige Zimmer und Suiten, Wellness und Spa – weiche Inseln der Ruhe, großzügiger Panorama-Saunabereich im 4. Stock. Kreative Kochkunst, die den Gaumen verwöhnt. Unser Weinkeller – ein Traum für alle Weinliebhaber. Wandern, Golfen, Mountainbiken und vieles mehr inmitten einer atemberaubenden Naturkulisse. Veranstaltungen, Feste, kulturelle Highlights.

SPECIAL

4 Gründe
für Ihren Südtirolurlaub bei uns:

1. Traumhafte Aussichten
Abseits von jedem Rummel und trotzdem nahe an Meran. Sonne von morgens bis abends!
2. Wunderschöne Zimmer und exklusive Panoramasuiten mit Weitblick.
3. Idealer Ausgangspunkt für Wanderungen und Spaziergänge.
4. Unverwechselbare und erlesene Kulinarik. An 120 Tagen serviert auf unserer Panoramaterrasse.
Geben Sie bei Ihrer Buchung **„Patrizia Wellnessoase"** an und erhalten Sie auf die erste Nacht einen Rabatt von 5 %.

Hotel Patrizia ****S
Familie Florian Spögler
Lutzweg 5
39019 Dorf Tirol bei Meran
Südtirol, ITALIEN
T +39 0473 923485
info@hotel-patrizia.it
www.hotel-patrizia.it

SPECIAL

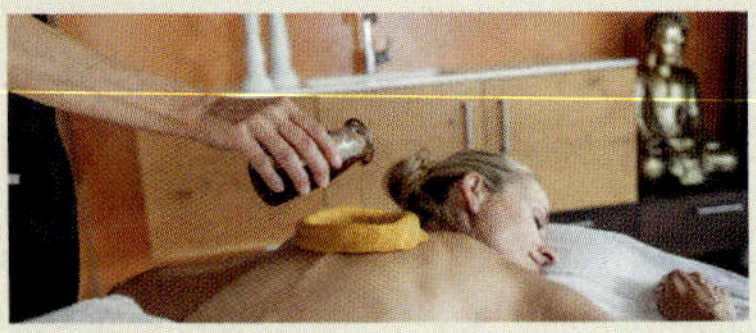

Aurora SPA, Beauty & Ayurveda

Eine Wohlfühlzeit für Körper, Seele und Gedanken

Unsere Spezialsaunen und Dampfbäder, die besonderen Aufgüsse, der Kaltwasser- und Whirlpool, das Ruhen in den einladenden Erholungsoasen sowie Mirabells Badelandschaft mit Innen- und Außenpool beleben Körper, Seele und Geist. Für besonderes Wohlbefinden sorgen unsere Gesundheitspakete, Beauty-Treatments und die spezialisierten Ayurveda-Behandlungen.

Mirabell Dolomites Hotel *****
Luxury . Ayurveda & Spa

39030 Olang - Pustertal
Südtirol, ITALIEN

T +39 0474 49 61 91
hotel@mirabell.it
www.mirabell.it

MIRABELL DOLOMITES HOTEL *****

Belebende Wohlfühlzeit in den Dolomiten – Südtirols schönstem Naturkino
Das Pustertal. Wo in Südtirols grünem Tal Berge auf Seen und idyllische Orte treffen, liebäugeln im Mirabell Dolomites Hotel sonnengeküsste Wohlfühlmomente mit herzlicher Gastfreundschaft, kulinarischen Highlights, alpinem Ayurveda, entspannenden Spa-Behandlungen und exklusiven Golf-Ambitionen auf der hauseigenen 3-Loch-Anlage. Unvergessliche Naturschauspiele, Wanderungen, Berg- und Biketouren, imposantes Dolomiten-Panorama, köstliche Gaumengenüsse, alpin inspirierte Ayurveda-Behandlungen und Spa-Treatments erwarten die Gäste im Mirabell Dolomites Hotel in Olang. Eingebettet in dieses alpine Bergjuwel bietet das Mirabell Dolomites Hotel in Olang eine 5-Sterne-Wohlfühlzeit auf höchstem Niveau. Mit Golf-Faszination pur auf der hauseigenen Anlage des Golf Clubs Mirabell, direkt am Hotel gelegen.

SPECIAL

Wir empfehlen Ihnen folgendes Wellnesspaket, um Körper und Geist in Einklang zu bringen:

Ein energetisches Steinritual
ca. 50 min

Eine Gesichtsbehandlung
ca. 80 min

Eine Pediküre
ca. 80 min

Hotel Chalet Tianes ****S
Alpine Relax
Familie Piccolruaz
St. Michael 3/2
39040 Kastelruth
Südtirol, ITALIEN
T +39 0471 708082
info@hotel-tianes.com
www.hotel-tianes.com

HOTEL CHALET TIANES ****S – ALPINE RELAX

Ruhig gelegen, umgeben von einer herrlichen Naturlandschaft, bieten wir Ihnen im Chalet Tianes einen Relaxurlaub, bei dem Sie neue Kraft für Ihren Alltag tanken können. Unweit vom Wanderparadies der Seiser Alm sowie der traumhaften Dolomitenpanoramen des Grödner Tales entfernt, gibt Ihnen unser Hotel die Möglichkeit, abseits des Rummels zu entspannen. Die großzügige Wellnessoase des Hotels mit sonniger Liegewiese inmitten der Bergwiesen ist ideal dafür. Der Juniorchef des Hauses betreut die Küche und wird Sie mit einer Mischung aus feinen mediterranen Gerichten und herzhaften Südtiroler Schmankerln verwöhnen. Und aus der umfangreichen Weinkarte können Sie dazu immer einen schönen Wein aussuchen.

FEEL GOOD RESORT – HOTEL JOHANNIS ****

Lebensfreude pur im feel good resort. Sonne tanken zwischen Gipfeln und Palmen. Bei uns erfahren Sie alpin-mediterranen Lifestyle in einem schönen, ruhigen Naturambiente. Umgeben von Weinbergen liegt das feel good resort Johannis in Dorf Tirol. Unsere Zimmer und Suiten mit unverwechselbarem Pool- und Bergblick strahlen Leichtigkeit aus. In unserem Open-Air-Restaurant werden Sie mit hochwertigen und feinen Gerichten verwöhnt. Der lichtdurchflutete Indoor-Pool und der Infinity-Panorama-Pool in der traumhaften Gartenanlage bereiten Badespaß. In unserem Spa mit gemütlicher Saunalandschaft, kuscheligen Relaxbereichen und wohltuenden Massagen lassen Sie den Tag ausklingen. Erleben Sie ein abwechslungsreiches Aktivprogramm wie Yoga, Pilates, Aquagym und Funktionaltraining.

SPECIAL

MORE FUN – LESS STRESS!

Alles können und nichts müssen ist unser Ferienmotto.

Mit dem Buchungscode **„feelgood22"** erhalten Sie einen Wellness-Gutschein im Wert von € 50,00.

Hotel Johannis **
Hotel Johannis GmbH/SRL
Familie Götsch
Aichweg 37
39019 Dorf Tirol bei Meran
Südtirol, ITALIEN
T +39 0473 233336
info@johannis.it
www.johannis.it
IT01564210217

BOUTIQUE HOTEL ESCHENLOHE ****S HOTEL ALPIN **** SMART LIFESTYLE

What a view ... die kleinen familiengeführten Hotels befinden sich in traumhaften Panoramalagen mit spektakulärem Blick über das Meraner Land. Die idealen Rückzugsorte für Genießer, Ruhesuchende und Aktivurlauber laden mit modernen Zimmern und lichtdurchfluteten Suiten zum Träumen ein. Herrlich entspannen lässt es sich in den SPA-Bereichen, den mediterranen Gartenanlagen samt beheizten Sole Infinity-Outdoorpools und Sky-Lounge. Echte Gastfreundschaft, ein Hauch von Luxus, viel Liebe zum Detail gepaart mit kulinarischen Gaumenfreuden und erlesenen Weinen vollenden den perfekten Urlaubstag. Sie werden begeistert sein!

SPECIAL

Auszeit vom Alltag
Bei Direktbuchung von mindestens 5 ÜN inkl. HP erhalten Sie mit dem Code „Wohlfühlen" einen SPA-Gutschein im Wert von € 30,00.

Magic Moments
Bei Direktbuchung von mindestens 7 ÜN inkl. HP erhalten mit dem Code „Private Dinner" ein exklusives Private Dinner über dem Lichtermeer von Meran bzw. im urigen Weinkeller.

(Die Angebote sind nicht miteinander und nicht mit anderen Angeboten kumulierbar.)

Schenna Hotels
Boutique Hotel Eschenlohe ****S
Hotel Alpin ** smart lifestyle**
Familie Götsch
Schennastraße 55
39017 Schenna
Südtirol, ITALIEN
T +39 0473 866000
info@schennahotels.com
www.schennahotels.com
IT00705770212

SPECIAL

**Wir wollen Ihnen Gutes tun.
Jetzt mehr denn je.**

Wir haben exklusiv für Sie Ihren persönlichen Wohlfühlgutschein aus unserem Park-Spa vorbereitet.

www.hotelmignon.com/de/luxusunterpalmen

Scannen Sie dazu den QR-Code rechts und Ihr Gutschein wird für Sie reserviert.

**Park Hotel
Mignon & Spa *******
Familie Amort-Ellmenreich
Karl-Grabmayr-Straße 5
39012 Meran
Südtirol, ITALIEN
T +39 0473 230353
info@hotelmignon.com
www.hotelmignon.com

PARK HOTEL MIGNON & SPA *****

Luxus unter Palmen. Mitten in Meran. Ihr Hideaway mit viel Raum für luxuriöse Entspannungsmomente. Ein Ort, der fein-elegante Details lebt, stille Momente im Park schenkt und feinste Spa-Erlebnisse beschert. Ein Luxus: Abstand zur Welt da draußen. Wir lassen den Dingen freien Lauf und geben Raum für Genuss und Inspiration. Auch Freiraum. Die private Idylle mit Sauna- und Wasserwelt auf drei Ebenen lädt zum Innehalten ein. Sanfte Massagen, ein Ohr für inspirierende Geschichten und aufmerksamer Service. Ein Galadinner bei Kerzenlicht mitten im Park. Alles ist möglich. Über eine romantische Brücke geht es in wenigen Schritten mitten in die malerischen Gassen des Städtchens Meran. Facettenreich. Aufmerksam. Feinfühlig. Das ist Ihre Auszeit im Park Hotel Mignon Meran.

SPECIAL

2 Tage „Feel Good" im Erica
21.05.–01.11.2022
ab € 337,00 pro Person
2 Tage AusZeit im Vitalhotel Erica ...
Wellness an einem kraftvollen Ort.

Inklusivleistungen
- 2 Feel-Good-Tage inklusive Erica-Wellness-Verwöhnpension
- Begrüßungsaperitiv bei Ihrer Anreise
- Magic Moments im Erica´s SPA-Bereich
- 1 entspannende Lomi-Lomi-Massage pro Person

Feel Good ...

Vital Hotel Erica ****S
Hotel Erica GmbH, GF Luis Brunner
Hauptstraße 17
39050 Deutschnofen
Südtirol, ITALIEN
T +39 0471 616517
info@erica.it
www.erica.it
IT00857100218

VITAL HOTEL ERICA ****S

Ihr Feel-Good-Refugium in den Dolomiten: Unser Hotel ist ein besonderer Ort – ein Refugium des Wohlfühlens & der Entspannung in der Bergwelt der Dolomiten auf dem Südtiroler Hochplateau im Eggental. Ein Platz mit besonderer Energie & Kraft. In unserem Feel-Good-Refugium und der naturbelassenen Umgebung finden Sie alles, wonach Sie sich sehnen und was Ihnen selbst guttut. Der Mensch steht bei uns im Mittelpunkt: Körper-Seele-Geist. Spüren Sie bei uns die Freiheit der Natur, die Geborgenheit und die wärmende Gastfreundschaft Südtirols. Dabei genießen Sie unsere kulinarischen Köstlichkeiten in unseren liebevoll gestalteten Räumen. Ihr Erica-Team mit seinem familiären Ambiente lässt Ihren Urlaub zu genussvollen, erholenden und entspannenden Momenten werden. Die großzügige Wellnessoase mit Panoramablick sowie unsere im alpinen Stil gestalteten Zimmer & Suiten sorgen für außergewöhnliche Augenblicke des Wohlbefindens.

»KI braucht immer ein Ziel.

DER FEINMOTORIKER
Elektroingenieur Sami Haddadin entwickelt an der Technischen Universität München Roboter mit Fingerspitzengefühl

Und das gibt der Mensch vor«

Interview: **Alexander Stirn**

Roboterforscher **Sami Haddadin** über Humanoiden, künstliche Pflegehelfer und wie wir mit ihnen umgehen sollten

Garmi heißt der Assistent, der künftig ältere Menschen in ihrem Alltag unterstützten soll, etwa bei der Hausarbeit oder der Physiotherapie. Der rollende Roboter ist eines der intelligenten Systeme, an denen der Münchner Wissenschaftler Sami Haddadin und sein Team arbeiten.

Feinfühlig, lernfähig, interaktiv soll Garmi sein – Eigenschaften, die im Zentrum von Haddadins Forschungsarbeiten stehen, für die der 41-Jährige unter anderem mit dem Leibniz-Preis und dem Deutschen Zukunftspreis ausgezeichnet wurde. Der Sohn eines jordanischen Arztes und einer finnischen Krankenpflegerin ist Direktor des Munich Institute of Robotics and Machine Intelligence an der Technischen Universität München – und gilt als einer der weltweit führenden Roboterforscher.

GEOkompakt: *Herr Haddadin, was macht einen guten Roboter aus?*
Sami Haddadin: Zunächst muss er absolut sicher sein, er darf niemanden verletzen. Aber das reicht allein nicht: Ein guter Roboter sollte einen Sinn haben, sollte einen Zweck erfüllen.

Was für ein Zweck könnte das sein?

Er muss nützlich sein – nützlich für den Menschen. Das ist ein zentraler Punkt unserer Forschung. In München und Garmisch-Partenkirchen entwickeln wir unter anderem Roboter, die älteren Menschen im Alltag helfen und Pflegekräfte bei ihrer Arbeit unterstützen sollen.

Ein guter Roboter hat einen Nutzen und wird daher von Menschen akzeptiert.

Nicht allein. Ein guter Roboter muss auch einfach und gut bedienbar sein, und zwar durch unterschiedlichste Gruppen. Dazu gehört, dass sein Sinn und Zweck leicht zu verstehen sein muss, sodass auch Menschen ohne Vorkenntnisse ihn schnell einsetzen können. Nur dann kann ein Roboter seine Aufgabe in der menschlichen Umgebung erfüllen.

Sollte ein guter Roboter auch wie ein Mensch aussehen?

Nein, im Gegenteil. Ein guter Roboter sollte klar als Roboter zu erkennen sein. Je smarter und lernfähiger solche

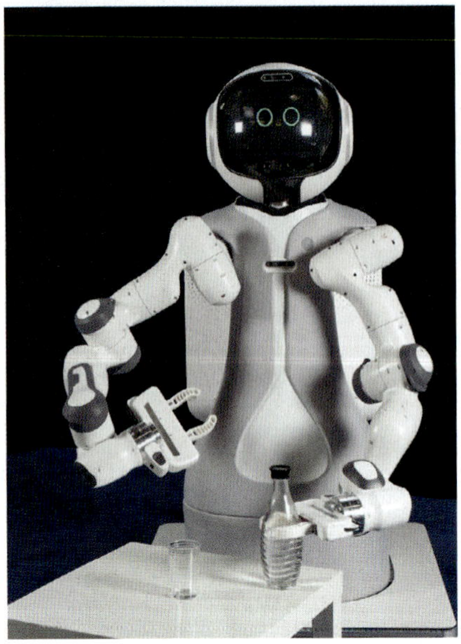

DER ASSISTENT
Garmi soll Senioren Essenstabletts bringen, die Spülmaschine einräumen und im Notfall Hilfe rufen

Maschinen werden, je mehr Künstliche Intelligenz einfließt, desto deutlicher muss sein, dass es sich um technische Systeme handelt. Alles andere weckt nur falsche Erwartungen oder verwirrt die Person, die ihn nutzen will.

Der Japaner Hiroshi Ishiguro schuf einen Roboter nach seinem Ebenbild. Und die Gesichtszüge von Sophia – einer Maschine, die Interviews gibt und im Fernsehen auftritt – wurden Audrey Hepburn nachempfunden. Sind das PR-Aktionen?

Aus wissenschaftlicher Sicht sind die Arbeiten von Ishiguro legitim. Die Forschungsteams verfolgen bloß eine andere Fragestellung als wir mit unseren nützlichen, zweckmäßigen Robotern.

Welche?

Es geht ihnen unter anderem darum: Welches äußere Erscheinungsbild charakterisiert einen Menschen, und wie kann es künstlich erzeugt werden? Wir hingegen – das ist vielleicht ein sehr europäischer Gedanke – wollen den Menschen gar nicht ersetzen.

Viele Menschen gruseln sich beim Anblick von Maschinen wie Sophia – gerade weil die nicht perfekt sind.

DER TEAMPLAYER
Ein Roboter muss sich nach dem Menschen richten – dabei hilft ihm Künstliche Intelligenz

In der Robotik gibt es einen Fachbegriff dafür: »Uncanny Valley«. Je menschenähnlicher eine Maschine wird, desto stärker nimmt die Akzeptanz bei der betrachtenden Person ab – weil die kleinen, störenden Unterschiede zum realen Menschen dann besonders stark ins Gewicht fallen. Gerade deshalb finde ich es wichtig, Roboter klar aufseiten der Maschinen zu verorten: damit diese Ambivalenz gar nicht erst entsteht.

Wie also sieht ein guter Roboter aus?

Ich glaube – und das hat die Erfahrung der vergangenen Jahre gezeigt –, dass ein Roboter ein natürliches, nicht zu stahlkolossartiges Äußeres haben sollte. Dennoch sollte er als technisches System erkennbar bleiben.

»Nein, er sollte klar als Roboter zu erkennen sein. Alles andere weckt nur FALSCHE ERWARTUNGEN«

Aber muss sich ein guter Roboter nicht auch an die Menschen anpassen können, mit denen er zu tun hat?

Natürlich, aber das braucht sich ja nicht zu widersprechen. Statt ein System für alle Anwendungen und Lebenslagen werden wir zunehmend Systeme erleben, die sich auf jene Person einstellen können, mit der sie interagieren, etwa auf deren Größe oder Gewicht. Die Maschinen müssen dazu aber auch lernen, durch ihre Sprache und ihre Handlungen individuell mit dem jeweiligen menschlichen Gegenüber zu interagieren.

Spätestens wenn ein Roboter individuell auf eine Person reagieren soll, muss er zusätzlich mit Künstlicher Intelligenz ausgestattet werden. Was sollte solch eine Maschine als Erstes lernen?

Künstliche Intelligenz ist schon vorher unabdingbar: bei der Feinmotorik und Hand-Auge-Koordination der Maschine. In der Interaktion mit dem Menschen wiederum muss sie vor allem verstehen: Was will der Mensch? Wo benötigt er Hilfe? Und wo möchte er sie nicht? Dafür brauchen wir ein flexibles System, das es der Anwenderin oder dem Anwender einfach macht, die Maschine ihren Wünschen entsprechend einzusetzen.

Hilft es, wenn die Roboter dabei Emotionen zeigen?

Ich habe bisher nie die Notwendigkeit gesehen, echte Gefühlszustände zu einem Teil der Mensch-Roboter-Interaktion zu machen. Das geht für mich an der Sache vorbei. Echte Emotionen sind immer eine menschliche Eigenschaft. Ich glaube aber trotzdem, dass eine gute Maschine ein sehr klares Feedback geben sollte – aber eben als Maschine.

DIE HELFENDE HAND
Roboter sind für ihn kein Selbstzweck: Im Zentrum von Haddadins Forschung steht der Mensch

»Was erwarten ältere Menschen von Robotern?«

»Sie begrüßen Hilfe, um SELBSTSTÄNDIG ZU LEBEN. Zugleich wollen sie nicht bevormundet werden – weder von Mensch noch von Maschine«

Was bedeutet, dass der Roboter ein klares Feedback „als Maschine" geben soll?

Nehmen Sie den Touchscreen eines Smartphones. Wenn Sie kein taktiles Feedback durch eine kurze Vibration bekommen, ist Ihnen nie ganz klar, ob Sie eine Taste wirklich gedrückt haben. Um die jeweils passende Rückmeldung zu geben, sollte ein gutes System auf verschiedene Sinneskanäle setzen.

Sollte ein Roboter nicht wie ein Mensch kommunizieren, etwa per Gesten?

Oh doch! Um mir den Weg zu weisen, könnte ein Roboter mit einer Handbewegung deutlich machen: »Da geht es lang.« Oder man sagt dem Roboter: »Hebe mir bitte die Brille vom Boden auf«, und der Roboter zeigt in die Richtung, schaut einen an und wartet auf ein Nicken – auf eine nonverbale Kommunikation mit dem Menschen zur Bestätigung des Auftrags.

Können heutige Roboter ein Nicken zuverlässig erkennen?

Die Entwicklung von Robotern ist immer ein Kampf mit den technischen Limitierungen. Solche Herausforderungen werden uns wahrscheinlich noch sehr lange begleiten. Zudem gilt: Eine simple

Kopie menschlicher Interaktion ist oft nicht die beste Lösung. Wir sollten daher neue, clevere Methoden zur Kommunikation mit Maschinen erkunden.

Morsezeichen? Rauchzeichen? Oder wie hat man sich das vorzustellen?

Viel haptischer. Ich habe früher aktiv Handball gespielt, und da war es oft so laut in der Halle, dass wir uns in der Abwehr über Klopfzeichen auf den Körper der Mitspieler verständigt haben. Nachdem unsere Roboter vor einigen Jahren einen Tastsinn erhalten hatten, haben wir solche haptischen Gesten auch für Maschinen entwickelt.

Im Forschungszentrum Geriatronik in Garmisch-Partenkirchen machen Sie derzeit den Assistenzroboter Garmi fit für den Einsatz in der Pflege und zu Hause. Es fällt auf, dass er keine Beine hat. Sind humanoide, also menschenähnliche Roboter noch immer Science-Fiction?

Ich sehe trotz der großen Fortschritte der vergangenen zwanzig Jahre nicht, dass zweibeinige Roboter auf absehbare Zeit eine effektive Alltagslösung sein könnten, insbesondere nicht in großen Stückzahlen. Dafür ist die Technologie noch nicht reif, auch der Energieverbrauch ist noch ein großes Problem. Unsere Gesellschaft braucht jedoch heute schon die passenden Roboter für die Geriatronik, für die Versorgung und Unterstützung älterer Menschen.

Aber könnten zweibeinige Assistenzroboter nicht viel besser im rauen Alltag helfen als ein rollender Garmi?

Das ist eine Frage der technischen Machbarkeit. Ja, ein im Alltag funktionierender zweibeiniger Roboter könnte sich in jedweder Wohnung perfekt bewegen. Da aber die Wohnungen pflegebedürftiger Menschen ohnehin barrierefrei sein sollten, kommen wir vorerst auch mit unserem rollenden Garmi zurecht.

Im Internet sind Videos der US-amerikanischen Roboterschmiede Boston Dynamics ein Renner, in denen eine Maschine Salti schlägt, elegant tanzt und sich auch von Prügelattacken nicht umhauen lässt. Stört Sie die Aufmerksamkeit auf diese spektakuläre Forschung?

Boston Dynamics leistet fantastische Arbeit, und ich freue mich, dass gesehen wird, wie wichtig das Thema Robotik ist. Boston Dynamics sind die Weltmeister der Athletik, während wir hier in München eher die Feinmotoriker und Feingeister der Robotik sind. Ich gefalle mir ganz gut in dieser Rolle.

Sie sprachen vorhin von technischen Limitierungen. Woran hakt es noch?

Was wir gut nachbilden können, ja wo wir sogar das natürliche Vorbild übertreffen, ist die Kraftsensorik, die beim Menschen im Muskel-Sehnen-Übergang steckt. Bei der Taktilität hingegen, der Empfindlichkeit der Fingerspitzen, stehen wir noch relativ am Anfang. Von den motorischen Fähigkeiten eines Menschen sind wir in diesem Punkt weit entfernt – das gilt übrigens auch für die visuelle Wahrnehmung in ihrer Gänze.

Schon heute sind Ihre vernetzten Roboter so lernfähig, dass sie durch Ausprobieren und Austausch von Informationen schnell lernen, einen Schlüssel in ein Schloss zu stecken oder Türen mit unterschiedlichen Griffen zu öffnen – etwas, das Kinder erst mit vier Jahren schaffen. Haben Sie keine Angst, dass Ihre Roboter im Kollektiv Fähigkeiten entwickeln, die Sie gar nicht beabsichtigt haben?

Einer KI muss ein Ziel vorgegeben werden. Und dieses kommt vom Menschen. Was Roboter anstellen, ist also eine Frage der menschlichen Verantwortung, das können wir nicht von uns weisen. Jedoch bin ich kein Freund davon, sich den ganzen Tag nur Sorgen zu machen, dafür bin ich zu neugierig.

Das klingt abwiegelnd.

Nein, ich will Ängste und Sorgen keinesfalls beiseitewischen. Wir Forschenden nehmen sie auch ernst – durch Diskurse, Interaktion mit der Gesellschaft, klares Kommunizieren. Aber sich selbstständig machende Maschinen? Das klingt nach einem Science-Fiction-Buch, nach einem zweifelsohne interessanten Gedanken. Doch die Wirklichkeit ist nun mal beschränkt durch den Stand der Technik und durch die Physik.

Dennoch haben viele Menschen Vorbehalte gegenüber Robotern, gerade im Pflegebereich. Mit Garmi entwickeln Sie genau solch einen Roboter. Wie wollen Sie erreichen, dass die Menschen ihn akzeptieren werden?

Für jede Person muss verständlich und erfahrbar sein, was genau diese Roboterassistenten überhaupt sind und sollen. Der nächste Schritt in Garmisch-Partenkirchen wird ein Aus- und Weiterbildungszentrum für Pflegekräfte sein, um diese gezielt auf die Arbeit mit den neuen Technologien vorzubereiten. Außerdem soll dort eine Art Modellkommune mit Geriatronik-Wohnungen entstehen, in denen ältere Menschen leben. Wir wollen sie früh in Kontakt mit der Technologie bringen – um Vorbehalte abzubauen, aber auch, um von ihnen für künftige Entwicklungen zu lernen. Was wollen die Menschen, was wollen sie nicht? Das zu erfahren lebt vom direkten Austausch.

Und, was wollen sie?

Sie wollen selbstständig zu Hause leben. Sie wollen ihren Alltag bestreiten, ohne ständig jemanden um Unterstützung bitten zu müssen. Sie wollen nicht bevormundet werden – weder von Mensch noch von Maschine. Zugleich begrüßen sie Hilfe, um genau diese Ziele zu erreichen.

Auch von einem Roboter?

Ja, durchaus. Allerdings soll der eben ein Werkzeug bleiben. Die Menschen, so haben wir das erlebt, benötigen keine komplexe soziale Interaktion mit ihrem Roboter – er soll in erster Linie gut funktionieren. Die meisten Leute sind da sehr pragmatisch: Wenn ihnen etwas nützt, so wie unser Garmi, dann wollen sie es.

Und der Roboter soll die Menschen dann pflegen?

Nein, wir sprechen bewusst nicht von einem Pflegeroboter, sondern von einem Assistenzroboter. Dieser Assistent kann zum Beispiel Medikamente oder Getränke bringen, Videotelefonie mit Angehörigen möglich machen, mit den Menschen Schach oder Dame spielen. Vor allem aber soll er die Pflegekräfte entlasten, sodass sich diese wieder ihrer eigentlichen Aufgabe widmen können: der menschlichen Zuwendung. Eine robotische Pflegefabrik? Das ist eine Horrorvorstellung.

Text: **Eva Wolfangel**

BEWEGLICH WIE EIN RÜSSEL
Der Elefant stand Pate für den »Bionischen Handling-Assistenten«. Dessen Spitze hingegen ist Fischflossen nachempfunden

Von der

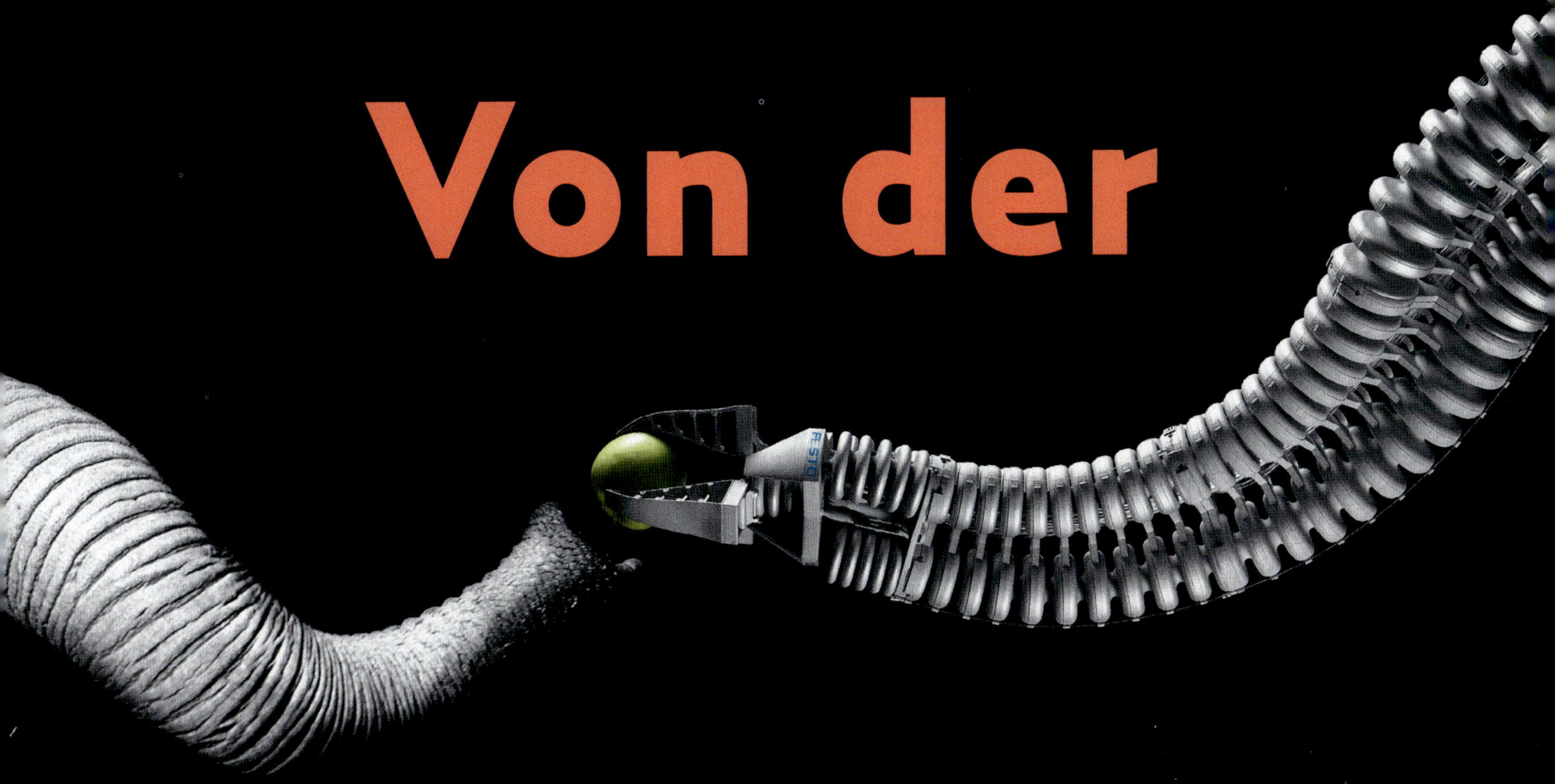

Natur

Das Stuttgarter Unternehmen Festo lässt sich für die Robotik der Zukunft von Tieren inspirieren

lernen

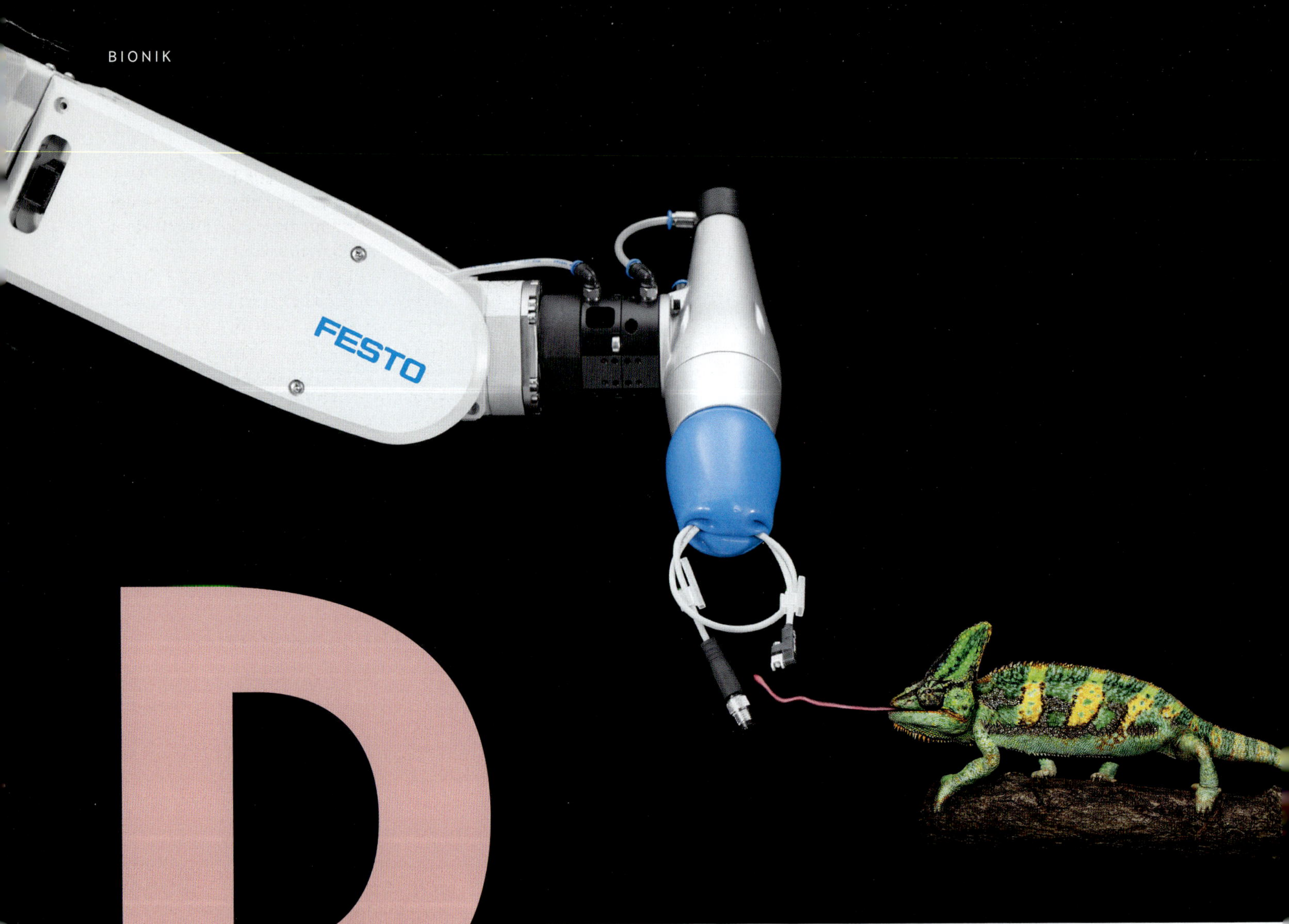

SAUGFEST WIE EINE CHAMÄLEONZUNGE
Das Chamäleon greift sein Opfer, indem es ihm seine Zunge überstülpt. Der Greifer DHEF ahmt dies nach und kann so Objekte verschiedenster Form und Struktur greifen und halten

Das Chamäleon hält im Mund eine tödliche Waffe versteckt: seine Zunge. Hat das Tier eine Beute anvisiert, schnellt seine Zunge katapultartig in deren Richtung. Dabei dehnt sie sich wie ein Gummiband um ein Vielfaches aus – in einer Zehntelsekunde!

So schnell läuft der Angriff ab, dass ein Detail meist unbemerkt bleibt: Kurz bevor die Zungenspitze die Beute erreicht, bildet sie eine Ausstülpung. Mit ihr saugt das Chamäleon das Insekt förmlich an und hält es sicher fest, wenn es Zunge mitsamt Opfer in den Mund zurückzieht.

Was die Evolution einst als Waffe erdachte, könnte die Technik revolutionieren. Wenn Roboter und Maschinen dem Menschen zukünftig Arbeit abnehmen sollen, müssen sie zunächst lernen, Objekte zuverlässig zu packen. Das ist bislang eine ihrer größten Herausforderungen.

Die meisten erhältlichen Greifer bestehen aus harten Materialien – und sind damit wenig flexibel. Die Steuerung dieser Greifer ist diffizil, schließlich sollen die Roboter einerseits fest genug zugreifen, um Dinge nicht fallen zu lassen, andererseits aber nicht so fest, dass sie das Objekt zerstören. Außerdem müssen die Greifer für die Menschen in der direkten Umgebung absolut ungefährlich sein.

Die ungewöhnliche Zunge des Chamäleons, genauer: ihre Saugstülp-Vorrichtung, liefert einen ganz neuen Ansatz. Sie war Vorbild für einen Greifer namens DHEF, der mittlerweile auf dem Markt erhältlich ist. Statt die gesamte Zunge des Chamäleons nachzubilden, ahmt er allein die Zungenspitze nach.

Der zylinderförmige Greifer lässt sich an einen klassischen Roboterarm montieren. Er besteht oben aus einer Aluminiumkammer, die mit Druckluft befüllt ist. Darunter befindet sich eine Silikonkappe, befüllt mit Wasser. Der elastische Silikonboden stellt die „Zungenspitze“ dar.

Fährt DHEF auf einen Gegenstand hinab, wird der oberen Druckkammer Luft entzogen. Dadurch zieht sich die wassergefüllte Silikonkappe nach innen – und stülpt sich beim Hinunterfahren des Greifers über jedes beliebig geformte Objekt.

Dieser kann wahlweise kleine Kugeln verschiedener Anzahl greifen oder eine Espressotasse, eine Brille, ein Handy.

Entstanden ist der Greifer beim Unternehmen Festo in Esslingen nahe Stuttgart. Ursprünglich war Festo für Automatisierungslösungen und pneumatische Antriebe bekannt. Doch in den vergangenen Jahren sorgte ein anderer Bereich für viel Aufmerksamkeit: die bionische Forschung. Bei Festo suchen eine Handvoll Ingenieurinnen und Ingenieure in der Natur nach Lösungen für die Automatisierung der Industrie.

Die Herausforderung: *sicher zugreifen,* **ohne den Gegenstand zu zerstören**

Mit der Bionik habe Festo sich keineswegs die leichteste der Ingenieurdisziplinen vorgenommen, sagt Elias Knubben, im Unternehmen zuständig für Forschung und Innovation. Dass der Maschinenbau in der Vergangenheit ganz andere Werkzeuge und Methoden entwickelte als die Natur, habe schließlich Gründe: „Warum bauen wir alles mit einem rechten Winkel und waagrechten Flächen?", fragt Knubben, um die Frage auch gleich selbst zu beantworten: „Weil die einfacher zu berechnen sind."

Auch dass bislang vor allem harte Greifer entwickelt wurden, hat praktische Gründe. Zwar ist es auf den ersten Blick naheliegender, Dinge aller Art mit einer weichen Struktur zu greifen als mit einer steifen Roboterhand. Es ist aber eine Herausforderung, weiche, organische Strukturen schnell zu bewegen und dabei exakt zu positionieren – ein Nachteil, der sie lange Zeit unattraktiv für die Industrie machte. „Wenn etwas steif ist, kann man es einfacher regeln: Es reagiert vorhersehbarer", sagt Elias Knubben. „Weiche, nachgiebige Materialien sind schwerer zu kontrollieren."

In der Robotik hätten sich aus diesem Grund steife Strukturen durchgesetzt. Doch jetzt würden die Schwächen und Begrenzungen dieser Wahl immer deutlicher. Denn: Empfindliche Gegenstände lassen sich so schwerer greifen – wenn sie intakt bleiben sollen.

KOOPERATIV WIE AMEISEN

Die »BionicANTs« arbeiten zusammen, koordiniert von einer zentralen Steuerung. Kann eine Ameise allein ein Objekt nicht tragen, werden so lange weitere hinzugerufen, bis sie es gemeinsam schaffen

A

Auf der Suche nach Alternativen hat sich das Bionik-Team verschiedene Ansätze aus der Natur abgeschaut. Einer ist inspiriert von der Struktur der Fischflosse: der „Multi-Choice-Gripper". Der Greifarm sieht auf den ersten Blick aus wie eine dreifingrige Pinzette. Doch wenn er eine Kugel greift, schmiegen sich seine drei Gliedmaßen wie menschliche Finger um die Struktur. Das geschieht nicht elektronisch gesteuert, sondern aufgrund der inneren Struktur der Finger: Diese sind weich und elastisch; sie passen sich automatisch dem Widerstand an, den der Gegenstand auf sie ausübt. Man kann sich gut vorstellen, wie dankbar die Hersteller von Brot oder Großhändler von Gemüse sind für solche Erfindungen: Schließlich soll ihre Ware nicht beschädigt werden, weil sie zu grob angefasst wird.

Das Bionik-Team hat in wenigen Jahren eine Vielzahl ungewöhnlicher Innovationen hervorgebracht. Doch der mutige und teils spielerische Ansatz führt auch dazu, dass viele der Entwicklungen im Stadium der Machbarkeitsstudie stecken bleiben.

So erging es einem weichen Roboterarm, der die scheinbar widersprüchlichen

Eigenschaften vereinen soll, die einen Elefantenrüssel auszeichnen: Dieser ist weich, flexibel – und zugleich enorm stark. Festo entwickelte daraus den „Bionischen Handling-Assistenten“.

Wie ein echter Elefantenrüssel ist auch sein Roboter-Pendant weich, nachgiebig und kann sich in alle Richtungen frei bewegen. Gesteuert wird er jedoch nicht durch Muskeln, sondern per Druckluft. Der Greifarm kann erstaunlich schwere Dinge transportieren: Das Verhältnis Eigengewicht zu Nutzlast beträgt eins zu eins – „üblich sind ansonsten fünfzehn Kilogramm Roboter für zwei Kilogramm Nutzlast“, sagt Knubben. Zudem ließe er sich billig produzieren, denn er enthält keine teuren Motoren mit spielfreiem Getriebe.

Und doch: Noch fehlt dem Forschungsteam ein Puzzleteil zum vollen Erfolg. Denn dem Rüssel fehlt die Rüsselspitze. „Das letzte Element des Rüssels haben wir noch nicht gelöst“, sagt Elias Knubben, „es hat zu viele Verformungen auf engem Raum.“ Der Bionische Handling-Assistent wird daher noch mit Greiferlösungen wie dem vom Chamäleon inspirierten DHEF kombiniert. „Die Struktur hat viele Freiheitsgrade, das ist komplex zu regeln“, sagt Knubben. Dinge in einem industriellen Umfeld sehr gezielt von A nach B zu bringen birgt enorm hohe Anforderungen, vor allem an die Robustheit.

Seit rund zwei Jahrzehnten investiert Festo in seine Bionik-Sparte. Angefangen habe man mit einer Art Muskel: einem Schlauch, der sich verkürzt, wenn er unter Druck gesetzt wird. „Die Volumenänderung durch Aufblasen – da ist ein riesiges Kraftpotenzial drin“, schwärmt Knubben.

Seither haben Quallen, Kolibris, Fledermäuse, Spinnen, Fische und Schmetterlinge Modell gestanden für die Automatisierung der Zukunft; in der Schatzkammer der Bionik-Gruppe finden sich fliegende, hüpfende, krabbelnde, schwebende Robotertiere, teils verpackt in große Kisten.

Weiche Strukturen und Fortbewegungsarten seien aber nur zwei spannende Aspekte unter vielen anderen, betont Knubben. Festo baut nicht nur tierische Einzelgänger, sondern auch ganze Gruppen nach.

Etwa die Ameisen. Neu waren an ihnen zunächst ihre Mini-Beine: Sie bestehen aus Piezodraht – der verformt sich, wenn eine Spannung anliegt. So können die Ameisen im Takt der Spannungswechsel laufen. Zunächst mussten sich die Ameisen jedoch selbst das Laufen beibringen. Dazu brauchten sie „bloß“ eine kleine Kamera, einen optischen Sensor (wie den unter einer Computermaus) sowie ein Funkmodul. Durch maschinelles Lernen erschlossen sie aus ihren eigenen Daten, wie sie sich effizient fortbewegen.

WENDIG WIE SCHWALBEN
Dank Federn aus Schaumstoff sind die »BionicSwifts« besonders leicht – sie können Loopings und enge Kurven fliegen

Setzt man die Tiere zusammen auf eine Spielfläche und gibt ihnen die Aufgabe, ein Stück Plastik von A nach B zu transportieren, sprechen sich die Ameisen untereinander ab. „Eine findet ein Objekt und ruft die anderen zu Hilfe“, erklärt Knubben. Im Hintergrund rechnet ein Algorithmus, was welche Ameise tun muss, um das Objekt gemeinsam zu bewegen. Wer muss schieben? Wer ziehen?

Schwarmintelligenz ist das jedoch noch nicht. „Schwärme funktionieren so, dass jedes Mitglied bestimmte Regeln einhält in Bezug auf seinen Nachbarn“, sagt Knubben. Keines der Einzelmitglieder hat den Überblick über alles, es gibt – anders als bei Festos Ameisen – keine zentrale Steuerung. Dass das Entwicklungsteam hier von der Natur abweicht, sieht Knubben aber nicht als Nachteil. Schließlich gehe es nicht darum, die Natur eins zu eins zu kopieren, sondern Lösungen für die Industrie zu entwickeln.

KOMMUNIKATIV WIE QUALLEN
Zu den frühen Projekten von Festo zählen selbstständig agierende Robo-Quallen, die »AquaJellies«. Über LEDs kommunizieren sie, sie bewegen und positionieren sich relativ zueinander und zeigen so Schwarmverhalten

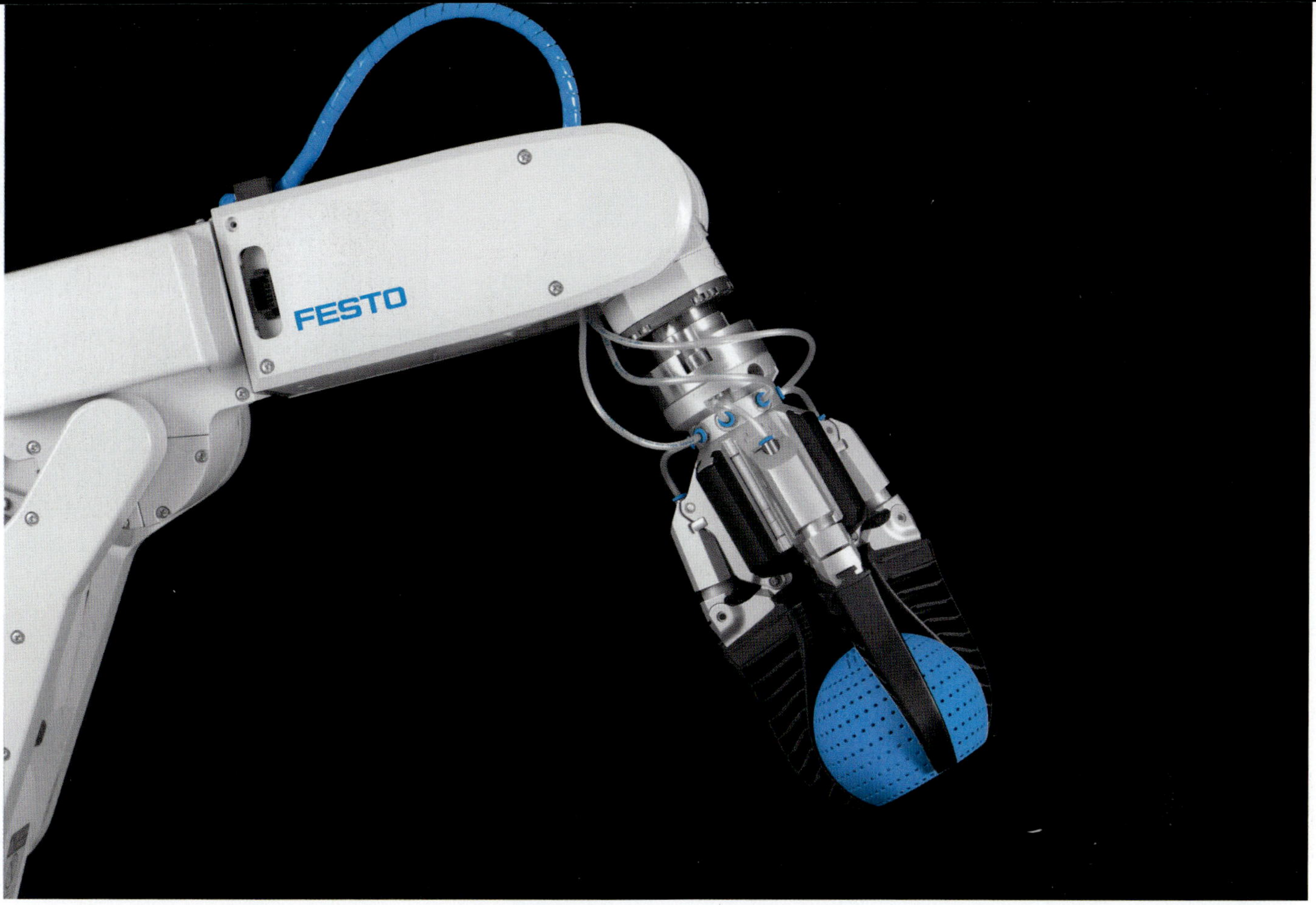

SCHMIEGSAM WIE EINE FISCHFLOSSE

Drücken die drei Greiffinger des »MultiChoiceGripper« auf ein Objekt, knicken sie trotz des Widerstands nicht seitlich weg. Stattdessen legen sie sich um den Gegenstand und halten ihn sicher fest

Ohnehin unterscheiden sich Biologie und Technik noch sehr voneinander. Schließlich habe Biologie mit lebender Materie zu tun, „da wachsen Zellen", sagt Knubben. Wie sich diese nutzen lassen, ist ein ganz eigenes, noch junges Forschungsfeld (siehe »Maschinen aus Fleisch und Blut«, Seite 124). „Wir bei Festo schauen uns die Funktion an und überlegen, wie wir sie technisch umsetzen können." Ein echter Elefantenrüssel ist in der Realität ja auch wesentlich komplexer als der Handling-Assistent.

Doch nicht für alle technischen Herausforderungen finden sich bislang Lösungen. So gibt es Anfragen nach künstlichen Nasen, die bislang nicht gelöst werden konnten, und Knubben würde gerne die Fähigkeit des Chamäleons zur Farbänderung nachahmen. Am besten ohne Strom, denn dann funktioniert es auch bei Stromausfall.

Welches Tier lässt sich noch nicht nachahmen? „Wir sprechen nicht über unrealisierte Projekte", sagt Elias Knubben. Bionik ist eben mehr als nur eine schöne Bastelei: Sie ist ein harter, globaler Wettbewerb.

> **Das Ziel ist nicht, die** *Natur zu kopieren,* **sondern Lösungen zu entwickeln**

Bohrt man aber weiter nach, sprudelt das Entwicklungsteam von Träumen, die in so weiter Ferne liegen, dass sie doch darüber sprechen können. Eine davon: die Biene. So etwas Kleines fliegen zu lassen, schnell und stabil: Das ist noch nicht verstanden. Bislang lässt sich ein Aktor – gleichsam der Muskel – nicht zugleich klein und effizient bauen. Solch eine Leistung auf kleinem Raum zu erzeugen, wie es bei der Biene der Fall ist, schafft bislang nur die Natur. Hinzu kommt die Herausforderung der Energie: Eigentlich bräuchte eine technische Biene ein Kabel und immer eine Steckdose in der Nähe.

Ähnlich komplex sei die Ente: Sie kann fliegen, schwimmen, tauchen und laufen. Jede der Fortbewegungsarten benötige andere Eigenschaften. Eine einzelne nachzuahmen, das geht. Aber alle vier? Wie soll das gehen? Noch bleiben der Natur also ein paar ihrer Geheimnisse.

Maschinen und

An der Harvard University entstand ein kleiner Robo-Rochen (l.), der auf die gleiche Weise schwimmt wie sein natürliches Vorbild (r.)

aus Fleisch

Text: **Thomas Brandstetter**

Roboter sind meist starke Ungetüme aus Metall und Kunststoff. Doch auch filigrane Exemplare werden gebraucht – für sie nutzen Forschende lebende Zellen. Die Grenze zwischen Biologie und Technik löst sich auf

Blut

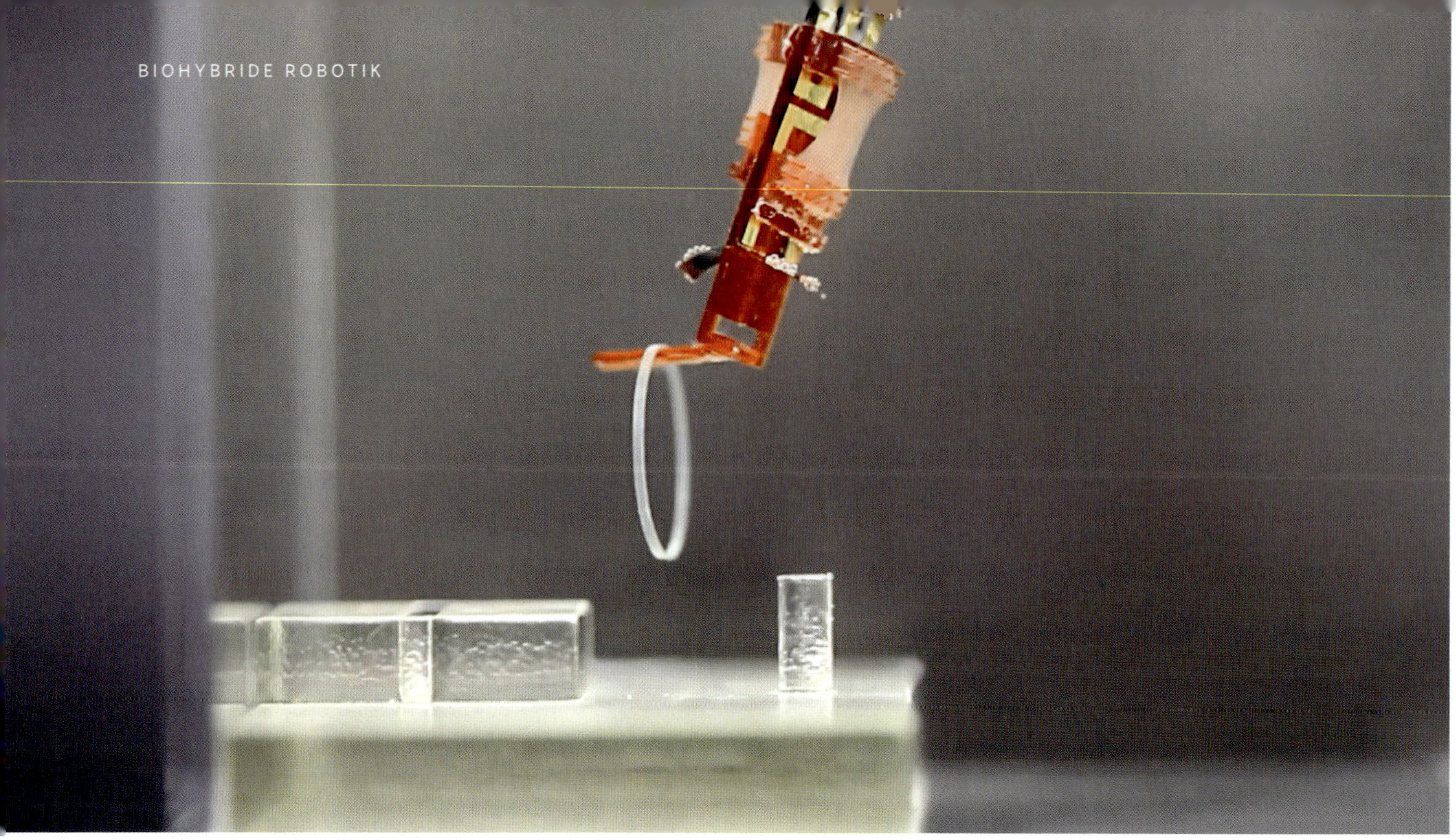

Der Roboterfinger der Universität Tokio besitzt bloß ein Gelenk, mit dem er einen Ring hochhebt. Das Gelenk allerdings steuern Muskelzellen, gezüchtet im Labor

D**er rote Roboterfinger** vollbringt ein kleines Kunststück: Mit seinem einzigen Gelenk hebt er einen kleinen Plastikring hoch, um ihn – etwas ungelenk – an anderer Stelle wieder abzusetzen. Klingt unspektakulär? Keineswegs! Denn revolutionär ist die Technologie, aus der der Roboterfinger besteht.

Kein Elektromotor treibt ihn an, kein Piezoaktor übersetzt elektrische Spannung in mechanische Bewegung, keine Hydraulikpumpe übt Kraft aus. Hier arbeiten Muskeln, in der Petrischale aus Zellen gezüchtet und anschließend mit einem Kunststoffskelett verwachsen.

Seit jeher orientiert sich die Wissenschaft beim Bau von Robotern an der Natur. Doch bislang klaute sie bloß Ideen und formte das Leben mit „künstlichen" Materialien wie Holz, Metall und Plastik nach. In der biohybriden Robotik verschmelzen nun Biologie und Technik: Lebende Zellen werden Bestandteil von Maschinen. Der Forschungszweig macht sich so Millionen Jahre evolutionärer Entwicklung zunutze.

In dieser Zeit vereinte und komprimierte die Natur Funktionalitäten auf einige Tausendstelmillimeter. Für künstliche Systeme ist diese Größenskala bislang unerreichbar; elektrische Antriebe lassen sich nicht beliebig verkleinern. Lebende Zellen dagegen sind Motoren, die trotz ihrer geringen Größe einiges an Schub erzeugen. Zusammengesetzt zu Muskeln sorgen sie in der Natur – vom Insektenbein bis zur Blauwalflosse – für die unterschiedlichsten Bewegungen und besitzen bei ihrer Kraftentfaltung eine enorme Geschmeidigkeit und Effizienz.

In den Laboren weltweit laufen Experimente mit Insektenmuskeln, pulsierenden Herzzellen, schwimmenden Bakterien oder Würmern. Die neu entstehenden Roboter sollen nicht die bereits bewährten ablösen, die mit kraftvollen, präzisen Bewegungen Autokarosserien in Windeseile verschweißen oder unermüdlich in unseren Wohnungen staubsaugen. Vielmehr sollen sie neue Anwendungen ermöglichen. Sie könnten eines Tages im Körperinneren medizinische Eingriffe ausführen, etwa Plaques in Arterien entfernen oder Medikamente genau dorthin transportieren, wo sie gebraucht werden, um sich nach getaner Arbeit vollständig aufzulösen.

Das erste biohybride System, das wirklich funk-

Die biohybride Robotik nutzt die Entwicklungen aus Millionen Jahren Evolution

tionierte, entstand 2016 an der Harvard University. Der münzgroße Roboter besaß ein hauchdünnes Skelett aus Gold und weiche Flossen aus Silikon. Er ahmte einen Minirochen nach: Wie sein tierisches Vorbild schwamm er, indem er die Flossen wellenförmig schlug. Die Kraft dazu erhielt er aus lebenden Zellen, die die Oberfläche der Flossen bedeckten.

Sie stammten aus Herzmuskeln von Ratten. Solche Zellen zucken spontan zusammen, ohne Anregung von außen, und liefern so den Antrieb. Um den Rochen zu steuern, veränderten die Forschenden die Zellen gentechnisch, sie machten sie lichtempfindlich. Auf diese Weise konnten sie die Kontraktionen der einzelnen Zellen durch Lichtpulse koordinieren und den Roboter verschiedene Manöver ausführen lassen. Damit die Zellen am Leben blieben, schwamm der Roboterrochen in einer auf Körpertemperatur gehaltenen Nährlösung. Dennoch versagten sie nach einigen Tagen ihren Dienst.

Forschende der biohybriden Robotik suchen daher nach alternativen Zellen. Fündig wurden sie bei Insekten. Sie müssen in der Natur extreme Zustände aushalten: In der Sahara überleben ansässige Silberameisen auch dann, wenn sich ihre Körper auf über 50 Grad Celsius aufheizen; eine bestimmte Mückenart im Himalaja wiederum krabbelt auch noch bei Außentemperaturen von 16 Grad unter null. Entsprechend sind auch ihre Zellen robust.

Im Labor arbeiten Insektenzellen über mehrere Monate hinweg und sind deutlich toleranter gegenüber Temperaturschwankungen. Schwierig bleibt einzig, die Insektenmuskeln zu kontrollieren. Zwar ließen sich mit ihnen winzige Zangen betätigen. Komplexere Systeme mit einer zuverlässigen Steuerung – ähnlich dem Rochen aus Harvard – ließen sich aber noch nicht realisieren.

In biohybriden Robotern dienen Zellen meist bloß als Motoren, doch auch komplette Maschinen lassen sich aus ihnen erschaffen. Forschende verschiedener US-Universitäten sorgten 2020 für Aufsehen, als sie einige Hundert Froschzellen in feinmechanischer Handarbeit zu Robotern von etwa einem Millimeter Größe zusammensetzten. Dabei kamen zwei verschiedene Zelltypen zum Einsatz: Hautzellen dienten als passive Gewebestruktur, während Herzmuskelzellen mit ihren spontanen Kontraktionen für Bewegung sorgten.

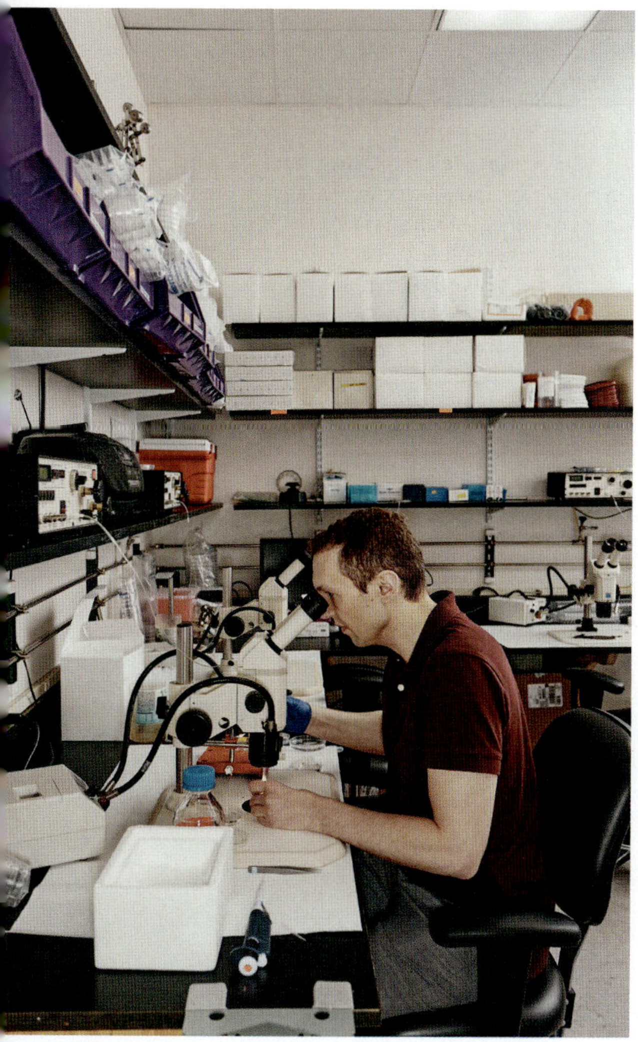

An der Tufts University, Massachusetts, arbeitet Douglas Blackiston mit Embryos von Fröschen, um Zellmaterial für Xenobots zu erschaffen

Den Bauplan für die Miniroboter namens „Xenobots“ lieferte eine Künstliche Intelligenz, die auf einem Supercomputer monatelang nach den besten Designs suchte. Dafür setzte das Programm wieder und wieder virtuell Zellen zusammen und simulierte, wie sie sich als Gesamtobjekt bewegen würden. Fehlgeschlagene Anordnungen verwarf es und verfeinerte erfolgreichere Konzepte.

Dank der Baupläne entstand eine Reihe unterschiedlicher Xenobots, die auf ihren kleinen Beinchen selbstständig durch Petrischalen krochen. Einige Xenobots transportieren sogar kleine Objekte. Doch bis sie im menschlichen Körper agieren können, wird es noch lange dauern; bislang liefern sie bloß den Nachweis, dass sich prinzipiell komplexere Bioroboter bauen lassen.

Wesentlich näher an einer realen medizinischen Anwendung sind Metin Sitti und sein Team vom Max-Planck-Institut für Intelligente Systeme in Stuttgart. Sie wollen Mikroorganismen in der Krebstherapie nutzen.

Tatsächlich werden Bakterien schon länger dazu eingesetzt. Manche nehmen chemische Substanzen in der Umgebung der Krebszellen wahr und steuern auf sie zu. Indem sich die Bakterien neben dem Tumor anhäufen und vermehren, aktivieren sie vor Ort

Douglas Blackiston seziert gewonnenes Zellmaterial. Für den Xenobot braucht er Zellen vom Herzen und der Haut. Die Erschaffung der neuen Roboterart ist diffizile Handarbeit

das Immunsystem, das nicht nur die Bakterien, sondern als Begleiterscheinung auch Krebszellen angreift und tötet. Bei Blasenkrebs beispielsweise werden abgeschwächte Tuberkulose-Bakterien in die Blase gespült, um solch eine Immunreaktion hervorzurufen.

Sitti und sein Team gehen aber einen Schritt weiter: Sie wollen Bakterien zu „Mikroschwimmern" umbauen, die Medikamente transportieren. Ihre Bio-Maschinen bestehen aus zwei miteinander verbundenen lebenden Zellen. Die eine Zelle ist ein für den Menschen harmloses Bakterium: Es sorgt mit seinen Geißeln für den Antrieb des Mikroschwimmers und verfügt gleichzeitig über die nötige Sensorik, um Krebszellen im Körper anzusteuern. Ein gentechnischer Eingriff ins Erbgut des Bakteriums ermöglicht, dass er sich mit einer zweiten Zelle verbindet: einem roten Blutkörperchen, das als eine Art Transportbox dient. Darin kann der Mikroschwimmer ein Krebsmedikament mit sich führen. Nachdem er dieses punktgenau am Tumor abgeliefert hat, löst es sich auf. „Im Labor funktioniert das bereits gut", sagt Sitti. Als Nächstes wollen die Forschenden erste klinische Anwendungen durchführen.

Indem mehrere Bakterien kombiniert werden, ließen sich wohl auch größere Objekte transportieren. „Am besten funktioniert ein Bakterienantrieb auf Zellengröße. Aber man kann damit relativ problemlos bis zu einen Millimeter große Partikel bewegen", sagt Sitti. Für größere Objekte solle man aber lieber entsprechend größere Organismen einsetzen, wie zum Beispiel Würmer.

Oder man züchtet – wie für den Roboterfinger – ganze Muskeln aus einzelnen Zellen. Shoji Takeuchi von der Universität Tokio und sein Team nutzen dafür Myoblasten, die sie den Hinterläufen von Ratten entnommen haben. Diese Vorläuferzellen von Mus-

Der Mini-Rochen besitzt ein Skelett aus Gold und Flossen aus Silikon. Den Antrieb liefern Muskelzellen von Ratten. Wenn er schwimmt, zieht er seine Energie aus einer Nährlösung

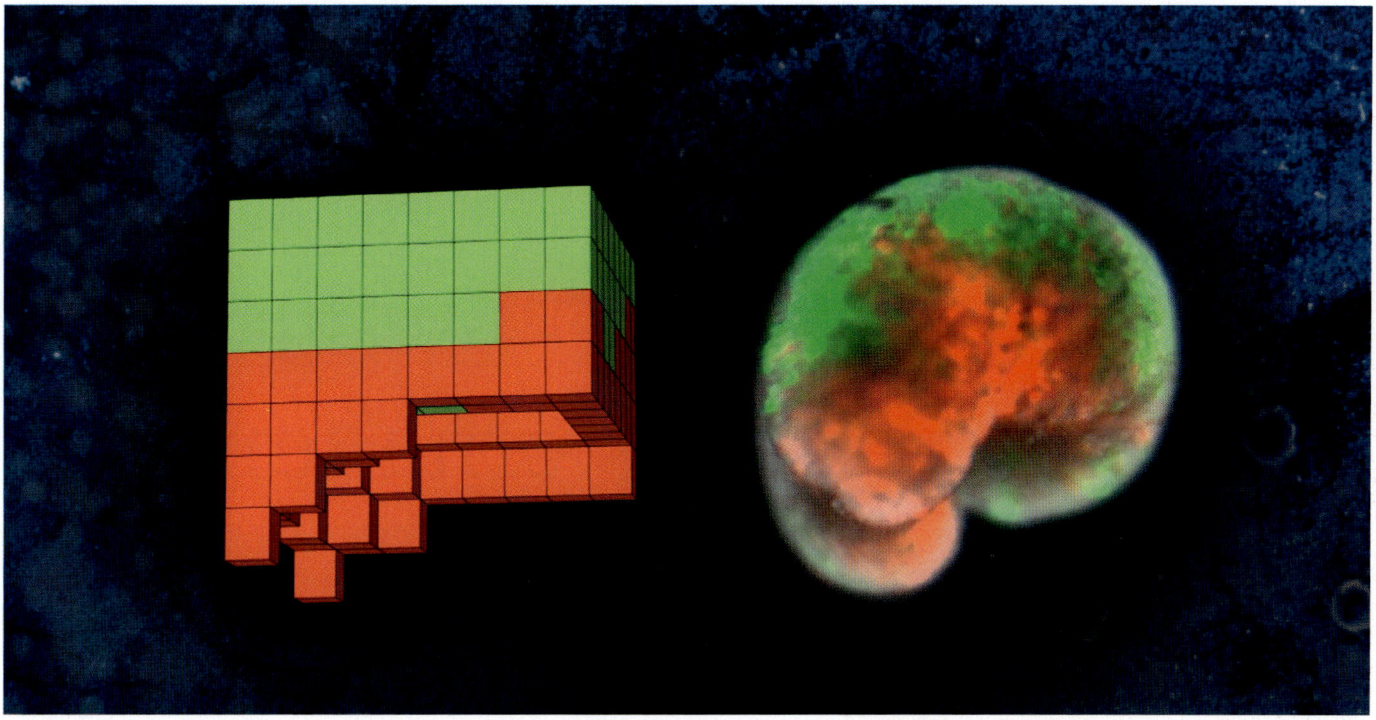

Eine KI konzipierte den Xenobot aus Froschzellen von Haut (grün) und Herzen (rot). Nach dem Bauplan (l.) wurde er im Labor zusammengesetzt (r.)

kelfasern ließen sie auf einer elastischen Kunststofffolie in einer Nährlösung zu etwa fünf Millimeter großen, funktionsfähigen Muskeln heranwachsen.

Muskeln können nur bei der Kontraktion Arbeit verrichten, weswegen sie meist im Doppelpack auftreten – im Oberarm beispielsweise ermöglichen Bizeps und Trizeps gegenläufige Bewegungen. Auch der künstliche Finger hat zwei Muskeln, die je abwechselnd kontrahieren und sich ausdehnen, sodass der Finger sich anwinkelt oder streckt.

Im Prototyp funktionierte das lebende Rattengewebe nur in einer auf Körpertemperatur gehaltenen Nährlösung. In einer neueren Version wurden die Muskeln mit einer Schutzhülle ummantelt, damit sie an der Luft arbeiten.

Die Versorgung mit Nährstoffen bleibt eine wesentliche Herausforderung. „In Zukunft werden wir Blutgefäße brauchen, die die Zellen versorgen", sagt Takeuchi. Dann könnten die künstlich geschaffenen Muskeln auf die gleiche Art mit Energie versorgt werden wie ihre natürlichen Vorbilder. Allerdings ist schon die Zucht von Muskelgewebe herausfordernd. Sie mit komplexen Hohlorganen wie Adern zu kombinieren, liegt wohl noch in weiter Ferne.

Ein weiterer Unterschied zu echten Skelettmuskeln ist die Steuerung. Takeuchis Muskeln werden über Elektroden an ihren Enden angeregt. In lebenden Organismen erledigen das Nervenzellen: Sie stehen mit den Muskelfasern in Kontakt und feuern immer dann, wenn diese sich zusammenziehen sollen.

An der University of Illinois hat ein Forschungsteam einen schwimmenden Roboter entwickelt, bei dem ein „Gehirn" die Bewegung vorgibt. Dazu ließ die Gruppe auf einem Kunststoffskelett zunächst Muskeln für den Antrieb wachsen und tropfte dann, einen halben Millimeter entfernt, eine Lösung mit einigen Tausend einzelnen Nervenzellen auf das Trägermaterial. Nach einiger Zeit bildeten die Zellen Synapsen, es entstand ein kleines neuronales Netzwerk, das schließlich mit dem Muskel verwuchs. Mittels Lichtpulsen ließen sich die genmanipulierten Nervenzellen zum synchronen Feuern anregen, woraufhin sich der Muskel zusammenzog und die mit ihm verbundenen Flossen bewegte. Der Schwimmer führte eine leichte Vorwärtsbewegung aus.

„Unsere Vision sind Maschinen, die sich selbst herstellen", sagt Taher Saif, der Leiter der Forschungsgruppe. Die Forschenden wollen lediglich die Zutaten wie Neuronen, Muskelzellen sowie ein Gerüst zur Verfügung stellen – der Maschine bleibt es dann selbst überlassen, sich zusammenzubauen.

Schon heute entwickeln die Roboter in gewisser Weise ein Eigenleben. Neuere Experimente zeigten, dass die Lichtpulse gar nicht zwingend nötig sind, um die Bewegung des Schwimmers zu kontrollieren. Das neuronale Netz feuert auch ohne sie und regt den Muskel zur Kontraktion an. „Gewissermaßen entscheidet der Schwimmer selbst, was er tut", sagt Saif.

»Unsere Vision sind Maschinen, die sich selbst herstellen«

Über den Tod hinaus

Technik ist in Ollie Gilmores Leben überall. Am Computer hat sie ihre Lebensgeschichte aufgenommen, mit den Söhnen spricht sie per Videoanruf

Wenn ein geliebter Mensch stirbt, fehlen seine Umarmungen, sein Lachen, seine Stimme. Start-ups wollen zumindest einen Teil der Person weiterleben lassen: durch Sprachbots, die dank Künstlicher Intelligenz Gespräche mit den Verstorbenen simulieren. Was versprechen sich die Menschen vom »ewigen Leben« als Bot?

Text: **Theresa Palm**
Fotos: **Isadora Kosofsky**

Ein Smartphone und eine App, mehr braucht es nicht, um Ollie Gilmores Stimme für immer als Sprachbot wiederkehren zu lassen

A

Am Küchentisch in Südkalifornien erprobt Ollie Gilmore die Unsterblichkeit ihrer Erinnerungen. Sie ist 85 Jahre alt und quicklebendig: Donnerstags singt sie im Chor, und als Platzanweiserin steht sie dreimal die Woche im Theater. Dennoch hat Gilmore in den letzten Monaten Vorkehrungen getroffen für eine Zeit, in der sie nicht mehr da sein wird: Sie hat einen Sprachbot mit Geschichten aus ihrem Leben befüllt.

Das Resultat blinkt ihr vom Smartphone-Bildschirm entgegen – ein blauer Kreis auf weißem Hintergrund. Aus dem Handy tönt ihre eigene Stimme: »*Hallo noch mal, hier ist Ollie Gilmore. Ich freue mich, wieder mit dir zu sprechen.*« Gilmore zuckt zusammen, wendet den Blick auf die Tischkante und hört erstarrt zu, während ihr Erinnerungsbot fragt: „Über welchen Teil meines Lebens möchtest du etwas erfahren?“

Sonst quirlig und aufgeschlossen, ist Gilmore zu schockiert, um zu antworten. „Entschuldige, das habe ich nicht verstanden“, hakt der Sprachbot nach. „Kann ich es einfach beenden?“, fragt Gilmore flüsternd, damit die App sie nicht hört.

Der plappert los: „Leider kann ich dir gerade nicht folgen. Ich entscheide, worüber wir als Nächstes sprechen. Unsere Leidenschaft als Familie war natürlich das Skifahren, denn das hat uns John beigebracht. Wir hatten sogar eine kleine Hütte in Alpine Meadows, es war einfach wunderb...“

Gilmore beendet die App auf ihrem Handy und würgt ihren Sprachbot ab. So forsch wie er würde die echte Ollie Gilmore nie das Gespräch an sich reißen. „Mich selbst reden zu hören, das ist wie ein Schock“, sagt sie.

Sprachbots sollen ein Schritt sein auf dem Weg, den menschlichen Geist unsterblich zu machen. Manche sollen Erinnerungen konservieren. Andere sollen sogar ganze Persönlichkeiten simulieren. Noch antworten sie holprig, aber die KI-Branche entwickelt stetig neue Modelle.

Den Erinnerungsbot schenkte Ollie Gilmores Sohn Jim ihr zu Weihnachten. Sein Vater, Ollies Mann, ist vor sechs Jahren gestorben. „Ich wünschte, ich könnte ihn heute noch um Rat fragen“, sagt er. Mit seiner Mutter soll ihm das nicht passieren. Mit ein paar Klicks auf einer Webseite kaufte er ein Paket mit fünf Interviewstunden für sie, später weitere fünf. Eine Interviewerin befragte Ollie Gilmore, und aus den Aufnahmen baute ein kalifornisches Start-up den Sprachbot.

Das Start-up heißt HereAfter, Jenseits. Der ehemalige Journalist James Vlahos hat es vor drei Jahren gegründet. Für 399 Dollar kann jeder unbegrenzt seine Erinnerungen in einer App verewigen. Bisher haben mehrere Hundert Menschen ihre Lebensgeschichte bei HereAfter hochgeladen.

Viele der Menschen, die solch ein digitales Ebenbild von sich erschaffen lassen, denken dabei eher an andere als an sich. Sie wollen für ihre Angehörigen dableiben. Auch Ollie Gilmore will ihrer Familie mit dem Sprachbot einen Gefallen tun: Sie sollen nie das Gefühl haben, die Chance verpasst zu haben, sie etwas zu fragen.

Mit dem Chor singt Ollie Gilmore in der Messe. Der Sprachbot sei keine Verlängerung ihres Lebens, sagt sie. Sie ist sicher: Ihre Seele kommt in den Himmel

Jim Gilmore lebt nur eine halbe Stunde von seiner Mutter entfernt. Sie sehen sich seltener, als sie gerne würden, sagen beide. Er ist froh, dass eine Firma Ollies Leben festhält

Kalifornien ist Ollie Gilmores Heimat geworden, nach einem Leben voller Umbrüche. Der Bungalow nicht weit vom Strand soll ihr letzter Wohnort bleiben

„Ich hoffe, meine Enkel finden damit ihre Wurzeln." In den Interviews hat sie alle Kapitel ihres Lebens eingesprochen: die Verschleppung 1940 aus Polen ins russische Arbeitslager, die Flucht über Indien nach Ostafrika, das Wiedersehen mit ihrem Vater nach zehn Jahren Trennung im Krieg, ihre Gesangskarriere mit den Schwestern, Hochzeit, vier Kinder und viele Umzüge – bis in ihr letztes Haus, den Bungalow in Orange County.

Dort hört Gilmore nun zu, wie der Sprachbot von ihrem eigenen Leben erzählt: „Ich würde gern über meine Zeit als Kind im Flüchtlingslager in Tansania sprechen. Ich kann von den Tropenhelmen erzählen, die wir trugen, von den Spielen, die wir spielten, den Hütten, in denen wir lebten, oder von der Schule."

Ihre Erinnerungen unsterblich zu machen hat Ollie Gilmore in den vergangenen Monaten einiges abverlangt. Sie hat sich darauf vorbereitet wie auf eine Prüfung, hat Namen und Zeitabläufe zusammengetragen. „Ich hoffe, ich werde mir selbst gerecht", sagt sie.

Der Sprachbot ist eine kuratierte Version ihrer selbst, eine verbale Ausstellung, in der jedes Stück sorgfältig bedacht ist. Nicht nur Erinnerungen hat Ollie Gilmore aufgenommen, auch Ratschläge und Lieder. Damit der Bot alles zu einem flüssigen Gespräch zusammensetzen kann, musste Gilmore zudem Textbausteine von einem Skript einsprechen: „Klar!" „Okay!" „Ich liebe dich auch" „Wie geht es dir?" „Meinerseits, alles bestens." Diese Schnipsel flicht die KI in die Antworten ein und schneidet sie vor die Geschichten, die der Bot erzählt.

Auf dem Weg zum Gesprächsbot durchlaufen die Schnipsel und Geschichten mehrere Künstliche Neuronale Netzwerke und menschliche Hände. Von Hand schneidet die Interviewerin Gilmores Geschichten in Antwortblöcke, die für sich stehen können. Ein Programm ordnet den Textblöcken Themen zu. HereAfter hat dafür ein Neuronales Netz mit maschinellem Lernen darauf trainiert, aus allen aufgenommenen Geschichten Themen herauszukristallisieren.

D

Der Bot kann mehr als auf Zuruf Erinnerungen und Ratschläge abzuspielen. Er führt kurze Dialoge mit den Nutzer*innen. Dazu verknüpft eine KI Fragen mit möglichen Antworten. Der Computer erkennt nie den Sinn der Sätze. Aber er lernt, welche Antworten wahrscheinlich sind und berechnet damit, welche der abgespeicherten Reaktionen am ehesten passt. Das erweckt den Schein von Intelligenz. So schafft Gilmores Sprachbot es, nach einer Geschichte diesen Dialog zu führen: „Wie fandest du das? Gib mir ein Adjektiv." – „Urkomisch." – „Ich stimme zu, das ist eine lustige Geschichte." Der Bot generiert dabei keine völlig neue Aussagen. Damit die Antworten wie Ollie Gilmore klingen, bedient sich die App aus ihren aufgenommenen Sprachschnipseln.

»Ich mache das für meine Enkelkinder«, sagt Ollie Gilmore über ihre verewigte Lebensgeschichte im Sprachbot. »Hoffentlich finden sie so ihre Wurzeln«

Der KI-Ethiker Rainer Mühlhoff sieht die Gefahr, dass Sprachbots die Erinnerung verstorbener Personen verzerren: „Menschen sind vielschichtig, je nach Kontext zeigen wir verschiedene Seiten von uns. Ein Sprachbot plättet die Persönlichkeit."

Das Start-up StoryFile aus Los Angeles geht noch einen Schritt weiter: Es will die Möglichkeit bewahren, Zeitzeug*innen und ihren Erinnerungen zu begegnen. In einer Zeit, in der die letzten Holocaustüberlebenden sterben, hat die Firma Interviews mit aus Konzentrationslagern befreiten Menschen gefilmt, mit mehr als zwanzig Kameras. Aus den Aufnahmen schuf sie Videoavatare, die an Gedenkstätten Besucher*innen antworten.

Mittlerweile hat StoryFile sein Angebot ausgeweitet auf Erzählungen von Ersthelferinnen von 9/11 und auf Erinnerungen von Astronauten. Diese Avatare warten auf der Webseite von StoryFile darauf, ihre Geschichten zu erzählen. Einer zeigt Nancy Rosado: Sie war als Polizistin beim Anschlag auf das World Trade Center im Einsatz. Auf dem Computerbildschirm erscheint sie von der Hüfte aufwärts, als würde sie dem Betrachter gegenübersitzen.

Fragen können direkt ins Mikrofon gesprochen oder aus einer Liste von vorgeschlagenen Themen ausgewählt werden: „Was hast du am 11. September erlebt?" Über eine halbe Stunde lang erzählt Nancy Rosado vom einschneidendsten Erlebnis ihres Lebens. Wie sie beim Anschlag die Erschütterung des zweiten Flugzeugeinschlags spürte und als Ersthelferin versuchte, Zivilisten von den Straßen zu schaffen. Wie sie die Verzweifelten aus den brennenden Türmen springen sah, aufschlagen hörte, laut wie ein Autounfall. Während ihrer Rede kämpft sie mehrmals mit den Tränen.

„Und der Rest ist Geschichte", beendet Rosado ihre Erinnerungen. Sie lassen sich nicht durch Rückfragen lenken, nur abbrechen. Es ist ergreifend, ihr zuzusehen, aber es ist der Zauber eines Films, dessen Inhalt sich bloß grob durch eigene Fragen lenken lässt.

Auch Ollie Gilmores Sprachbot lässt sich nicht unterbrechen. Doch trotz der ruckeligen Dialoge ist es unverkennbar sie, die im charakteristischen Singsang „Oh, verstehe!" sagt. Für sie sei der Sprachbot keine Verlängerung ihres Lebens auf Erden, sagt Gilmore. „Meine Seele kommt in den Himmel. Der Bot ist für meine Hinterbliebenen."

Auch für Jim Gilmore ist der Sprachbot seiner Mutter keine Unsterblichkeitsmaschine, sondern eher ein sprechendes Erinnerungsalbum. Angst, dass der Bot es ihm schwerer machen wird, loszulassen, hat er nicht. Wer mit dem Sprachbot redet, sei selbst verantwortlich, nicht dessen Zauber zu erliegen. „Mit dem Bot ist es wie mit Heroin", sagt Gilmore. „Manche Menschen werden HereAfter wie eine Droge benutzen, weil sie genießen, wie sie sich fühlen, wenn sie damit reden. Sie suchen den nächsten Kick, obwohl sie wissen, dass es nicht echt ist." Er will kein Junkie werden.

Die KI-Ethikerin Karoline Reinhardt plädiert dafür, die Trauernden zu schützen: „Die Illusion, dass es noch eine kommunikative Verbindung zur verstorbenen Person gibt, kann Trauerarbeit gegebenenfalls erschweren. Die Sprachbot-Betreibenden müssen klarstellen: Das ist keine Kommunikation im menschlichen Sinne, weil sich durch den Sprachbot niemand mitteilt. Das ist eine Einbahnstraße."

Sollten die HereAfter-Sprachbots eines Tages auch Fragen beantworten, die ihre Vorbilder nie eingesprochen haben? Ollie und Jim Gilmore fänden die Möglichkeit großartig. James Vlahos, der HereAfter-Gründer, zögert. „Ich möchte das nicht komplett ausschließen. Wenn, dann basierend auf Fakten, auf dem Wissen des Menschen, den der Bot nachahmt. Wichtiger als die allermodernste Technik einzusetzen ist es uns, den Menschen treu zu sein."

Den Start-up-Gründer Emil Jimenez halten keine ethischen Bedenken zurück. Vor zwei Jahren hat er MindBank gegründet. Die App soll digitale Zwillinge von Menschen erschaffen. „Die Grenzen von Raum und Zeit überwinden", verspricht die Webseite. Jimenez will nicht nur seine Erinnerungen in einer KI verewigen, sondern seine ganze Persönlichkeit.

Jimenez möchte seine gesammelte Lebenserfahrung für seine sechsjährige Tochter Romy festhalten, damit sie mit seinem digitalen Zwilling sprechen kann, wenn er nicht mehr lebt. Jeden Morgen füttert er dazu die App mit seinen Gedanken. An diesem Tag im März ist Jimenez mit seiner Familie im Urlaub in Südtirol. Die Wand im Hintergrund seiner Videochat-Kachel ziert eine Motivtapete mit lebensechtem Tiroler Grauvieh.

„Was wäre ein perfekter Tag für dich?", fragt die MindBank-App. „Der perfekte Tag ist heute, sage ich immer", spricht Jimenez in die App ein. Etwa eine Minute lang redet er weiter, dabei schaut er unverwandt auf seine Tochter Romy, die auf seinem Schoß sitzt.

„Weißt du, was dein Papa da macht, Romy?" – „Nein", sagt sie.

Als Jimenez fertig ist, hält er die Analyse seiner Sprachaufnahme in die Kamera. Eine Wortwolke entschlüsselt die am häufigsten verwendeten Wörter, ganz vorne stehen

Die Familie von Ollie Gilmore lebt verstreut über die USA. Auf ihrem Kühlschrank kommen die vier Söhne, deren Partnerinnen und Kinder zusammen

Ollie Gilmores Sprachbot wird über Alexa gestartet, den Amazon-Sprachassistenten. Der hellblaue Fleck pulsiert, wenn Gilmores Stimme aus der App spricht

Ihre Mutter hat Ollie Gilmore und die beiden Schwestern durchs russische Arbeitslager gebracht. »Ich würde sie heute gern fragen, wie sie das verkraftet hat«, sagt Gilmore

„perfekt" und „Tag". Was bringt ihm diese Auswertung? Noch nutze er das Training seines digitalen Zwillings nur zur Selbstreflexion, sagt Emil Jimenez. Die Software errechnet aus den Aufnahmen Statistiken über seine Persönlichkeit. Aber sein Traum ist, dass der Computer eines Tages genug über ihn weiß, um in seinem Namen antworten zu können.

Romy ist inzwischen von seinem Schoß aufgestanden und tapst im Schlafanzug durch die Ferienwohnung. Während ihr Vater spricht, streichelt sie den Kopf der Kuh auf der Fototapete sanft über dem Auge. Es ist nicht schwer, sich vorzustellen, dass sie eine emotionale Bindung zu einer Software aufbauen würde, die mit der Stimme ihres Vaters spricht.

Eine KI mit völlig freier Sprachausgabe ist prinzipiell schon möglich: Synthetische Stimmen können den Klang einer Person täuschend echt imitieren, und so Menschen beliebige Worte in den Mund legen.

Die „Ohren" und der „Mund" von Sprachbots, also Spracherkennung und Sprachausgabe, funktionieren schon heute überzeugend, weil sich solche Aufgaben gut mit vielen Daten trainieren lassen. Die Schwachstelle ist ihr „Gehirn", also das Dialog-Netzwerk, das den Inhalt einer Frage analysieren und passend antworten soll. Kreative Gedanken oder Empfindungen auszudrücken, in sich gehen und Charakter zeigen: All das überfordert die aktuellen Techniken.

N

Noch seien KIs weit davon entfernt, offene Dialoge zu führen, sagt Iryna Gurevych, Expertin für maschinelle Sprachverarbeitung. „Sprachbots stecken in ihrer Entwicklung seit Längerem auf einem Niveau fest. Alexa würden Sie nach dem Wetter fragen oder die Zeit stoppen lassen – aber für komplexere Aufgaben ist es doch weniger zielführend." Um Sprache nicht nur zu imitieren, sondern auch ihren Sinn zu verstehen, müsse eine Dialog-KI maschinelles Denken erlernen. „Maschinen müssen in Dialogen Kontexte behalten und mehr Weltwissen haben, um auf offene, flexible Fragen antworten zu können. Die Technologie hängt im Moment unter einer Glasdecke fest. Um die zu durchbrechen, braucht es eine wirkliche Revolution."

Sollte es so weit kommen, müssten die Entwicklerinnen und Entwickler ethisch weitreichende Entscheidungen treffen: Soll eine Künstliche Intelligenz Gedanken weiterspinnen, die ein Mensch vor seinem Tod hatte? Lässt sich hochrechnen, wie ein Toter aktuelle Ereignisse kommentieren würde? Wenn Bots eines Tages eigenständig im Namen einer Person sprechen, muss das gekennzeichnet werden, sagt KI-Ethikerin Karoline Reinhardt: „Die Betreibenden müssten klarmachen, was ein echtes Zitat ist – und was die KI generiert hat."

Ollie Gilmores Erinnerungs-Bot ist davor gefeit, unpassende Bemerkungen zu machen. Das Unangenehmste ist sein fehlendes Gespür für Stimmungen. Nachdem er Ollie und Jim von der Geburt des jüngsten Sohnes Tom erzählt hat, fragt der Bot: „Wie fandest du das?" Ollie antwortet: „Hmm." „Finde ich auch", sagt der Bot. Mutter und Sohn lachen so laut, dass sie den Anfang der nächsten Frage fast nicht hören: „Würdest du lieber etwas über meine Erinnerung an meine verlorene Heimat in Polen hören oder über mein Souvenir aus dem Arbeitslager?"

Doch wenn Ollie und Jim Gilmore zusammen sind, hören sie dem Bot ohnehin kaum zu. Jede Geschichte stößt eine neue Unterhaltung zwischen ihnen an. Während der Bot die nächste Anekdote über einen Besuch in Japan abspielt, quatschen die beiden darüber hinweg: „Wo haben wir gelebt, als Tom geboren wurde?" Der Sprachbot wird zum Stichwortgeber, er schenkt ihnen Gespräche und Gelächter und gemeinsame Zeit. Die App fürs Jenseits bringt Ollie Gilmore und ihren Sohn schon im Diesseits zusammen.

Die weite Welt der Wissenschaft entdecken
3 Ausgaben Ihres P.M.-Wunschtitels probelesen und Gutschein wählen!
Für Wissens-hungrige
P.M.
Spannende Berichte aus Forschung und Technik – wissenschaftlich fundiert und unterhaltsam präsentiert.
3 Ausgaben für 10,90 €
Für besonders Neugierige
P.M. SCHNELLER SCHLAU
Schnelles Wissen zu aktuellen und interessanten Themen aus allen Bereichen des Lebens.
3 Ausgaben für 9,90 €
Für alle Rätsel-fans
P.M. LOGIK TRAINER
Ob Logikpuzzle, Kreativrätsel oder Logicals – für jeden Rätselfan ist etwas dabei. Inklusive aller Lösungen.
3 Ausgaben für 10,50 €
Für Geschichts-interessierte
P.M. HISTORY
Das große Geschichts-magazin erweckt historische Epochen, Ereignisse und Personen wieder zum Leben.
3 Ausgaben für 13,60 €
Jetzt P.M.-Magazin testen und Gutschein sichern:
5 € Gutschein zur Wahl
www.pm-wissen.com/probe
oder telefonisch unter +49 (0)40 5555 89 80
Bitte passende Bestell-Nr. angeben:
3 x P.M. 201 6486 | 3 x P.M. SCHNELLER SCHLAU 201 6526
3 x P.M. LOGIK TRAINER 201 6566 | 3 x P.M. HISTORY 201 6546
Alle Preisangaben inklusive MwSt. und Versand. Änderungen vorbehalten. Es besteht ein 14-tägiges Widerrufsrecht. Zahlungsziel: 14 Tage nach Rechnungserhalt.
Anbieter des Abonnements ist Gruner + Jahr Deutschland GmbH. Belieferung, Betreuung und Abrechnung erfolgen durch DPV Deutscher Pressevertrieb GmbH als leistenden Unternehmer.

Künstliche Intelligenz wird unsere Welt massiv verändern – aber wie? Sechs mögliche Szenarien, schöne und schaurige, dazu die Frage: Wie realistisch sind sie?

Künstliche Intelligenzen sind allgegenwärtig. Zu einer Super-KI vereint könnten sie Menschheitsprobleme bekämpfen. Doch dann müssten wir unsere intimen Daten offenlegen

Zwischen Utopie und Dystopie

Text: **Ulrich Eberl**
Illustrationen: **Mario Wagner**

1. Der Weltenlenker

Im Jahr 2050 ist KI allgegenwärtig: Mit unseren Smartphones sprechen wir wie mit menschlichen Partnern. Auf Straßen und in der Luft sind autonome Elektrotaxis unterwegs, in Fabriken und zu Hause agieren Roboter als perfekte Diener. Über allem herrscht das „Aleph-Net". Mit Zugriff auf sämtliche Daten optimiert die Superintelligenz die Welt: die Energie- und Verkehrsflüsse, die Produktion von Nahrungsmitteln, die Sozialsysteme. Immer besser gelingt es, den Klimawandel sowie Kriege, Hunger und Armut in den Griff zu bekommen – so gut, dass die Menschen klaglos den Preis zahlen: die Aufgabe ihrer Privatsphäre.

Visionen einer wohlwollenden Superintelligenz sind vor allem in Asien populär. Während die westliche Kultur – von „Metropolis" bis zum Terminator – meist einen Kampf zwischen Mensch und Maschine prognostiziert, erzählen japanische Geschichten von einer harmonischen Gemeinschaft zwischen Mensch und Roboter. Schon vor 200 Jahren entstanden dort die „Zashiki Karakuri", mechanische Puppen, die Tee servierten. Und heutzutage kämpfen in Mangas Androiden für die Menschen gegen das Böse. Maschinen gelten dort zuweilen als genauso liebenswürdig wie Haustiere.

Daher haben Japanerinnen und Japaner keine Bedenken, Roboter in ihre Haushalte zu lassen – je menschenähnlicher, desto besser. Japanische Forschende entwickeln Maschinen, deren oberste Priorität es ist, Menschen zu helfen. Nur so lasse sich der Bedarf an Millionen Pflegekräften für die massiv alternde Bevölkerung decken.

Dafür muss die Leistung der Technik noch einmal so gesteigert werden, wie dies seit Ende der 1980er-Jahre geschah: eine Zunahme um das Zehntausendfache bei Rechenleistung, Speicherfähigkeit und Datenübertragungsrate von Mikrochips. Bis 2050 dürfte das laut Hard- und Software-Fachleuten tatsächlich zu schaffen sein. Elektronische Butler für die Haushalte sind dann ebenso denkbar wie smarte Maschinen, die binnen Sekunden viele Milliarden von Sensordaten, Bildern, Audiodateien oder Textseiten durchforsten und auswerten.

Solche Maschinen machen vielleicht zunächst nur Vorschläge, wie sich Gebäude, Fabriken, Energie- und Verkehrssysteme effizienter und umweltfreundlicher betreiben, wie sich neue Arzneimittel entwickeln und die Gesundheitssysteme optimieren lassen. Je besser dies allerdings klappt, desto eher könnten die Menschen bereit sein, die Steuerung aller Aspekte des Lebens in die Hände der KIs zu legen. Fraglich ist allerdings, ob man ihnen mit den wachsenden technischen Fähigkeiten auch moralische Standards beibringt – etwa niemanden zu diskriminieren und persönliche Freiheiten zu achten.

Zweifel sind angebracht. Schon heute gibt es Bevormundung durch Maschinen – nicht nur bei Fitnessarmbändern, die Ernährungstipps geben, oder Mülleimern, die Passanten

Im Internet tobt ein Krieg der Informationen. Mit ihm wollen Staaten und Unternehmen unsere Meinungen manipulieren

ermahnen. China liefert einen Blick in die Big-Brother-Zukunft des KI-Zeitalters: Um die Gesellschaft zu „optimieren", wurde dort ein Punktesystem für erwünschtes Verhalten eingeführt, das auf extremer Kontrolle basiert – Kameras mit Gesichtserkennung liefern hierfür ebenso Daten wie eine durch KI perfektionierte Überwachung von Handel und Kommunikation im Internet.

2. Der Manipulator

Technologien, die dem Wohle aller dienen sollen, lassen sich immer auch von Einzelnen zum eigenen Nutzen missbrauchen. Im Jahr 2050 nutzen Firmen und Politiker die im Aleph-Net gesammelten intimen Informationen, um mit Chatbots und Avataren Menschen zu beeinflussen – damit sie Produkte kaufen, die sie nicht brauchen, Parteien wählen, die ihnen schaden, und Hass verbreiten, der die Gesellschaft spaltet.

Im Online-Handel versuchen Algorithmen schon heute vorherzusagen, was die Kundschaft kaufen wird. Noch stehen solche Prognose-Tools am Anfang, aber sie lernen stetig dazu und werden mit zunehmender Menge an Daten zuverlässiger. In Kombination mit den subtilen Tricks des Marketings eröffnen sich neue Wege, Ware an den Menschen zu bringen.

Die Technik schleicht sich unbemerkt in unser Leben. Bei Reservierungen im Restaurant sprechen Menschen heute schon zuweilen mit digitalen Assistenten, ohne zu merken, dass sie mit einer Maschine reden. Mittels Deepfakes wiederum lassen sich Bilder, Sprach- und Videoaufnahmen manipulieren – und beispielsweise Politikern Worte in den Mund legen, die sie nie gesagt haben. Solche Fälschungen sind kaum erkennbar. Wie gut werden sie erst, wenn die KI-Systeme in den nächsten Jahrzehnten tausendmal leistungsfähiger werden?

Schließlich können auch Hacker die neue Technologie missbrauchen, können Steuerungssysteme und Roboter kapern. Die Weltgemeinschaft muss sich der neu entstehenden Realität stellen: Nicht nur autonome Waffensysteme gehören geächtet, auch KI-Manipulationen wie Deepfakes müssten in bestimmten Bereichen verboten werden.

3. Im Schlaraffenland

Seit Urzeiten wünschten sich Menschen nichts sehnlicher als Maschinen, die ihnen alle langweiligen, schmutzigen und gefährlichen Arbeiten abnehmen. Im Jahr 2050 ist es endlich so weit: Das Aleph-Net kümmert sich um alles. Kreative Menschen haben nun Zeit, Bilder zu malen und Schmuck zu designen, die sozial Engagierten kümmern sich um Kinder, Alte und das Gemeinwohl. Viele feiern auch einfach nur Partys und verlieren sich in virtuellen Welten. Und es beginnt neuer Streit: Wie soll das Geld gerecht verteilt werden, das die Maschinen erwirtschaften?

Hängematte für uns, weil Roboter die Arbeit erledigen? Das hängt von der Gesellschaftsform ab

Smarte Maschinen werden alle Berufe verändern, Menschen werden ihre Jobs verlieren. Zugleich wird die Wertschöpfung durch Maschinen steigen. Wer soll davon profitieren? Nur diejenigen, die die Systeme entwickelt haben und denen sie gehören? Das würde die Schere zwischen Arm und Reich weiter öffnen und für sozialen Sprengstoff sorgen. Der Einsatz von Robotern ließe sich allerdings besteuern, um das Geld in Bildung, Infrastruktur und ein allgemeines Grundeinkommen zu stecken.

Es lohnt sich, über den Wert von Arbeit neu nachzudenken. Sind nicht gerade jene Tätigkeiten essenziell, die Maschinen nicht übernehmen können? Kreativität und Erfindungsreichtum, Kultur, Kunst und Philosophie und all das, was viel Sozialkompetenz erfordert: planen, managen, motivieren, Konflikte lösen, für andere da sein? Und müssten dann nicht diese Tätigkeiten endlich so honoriert werden, wie sie es verdienen?

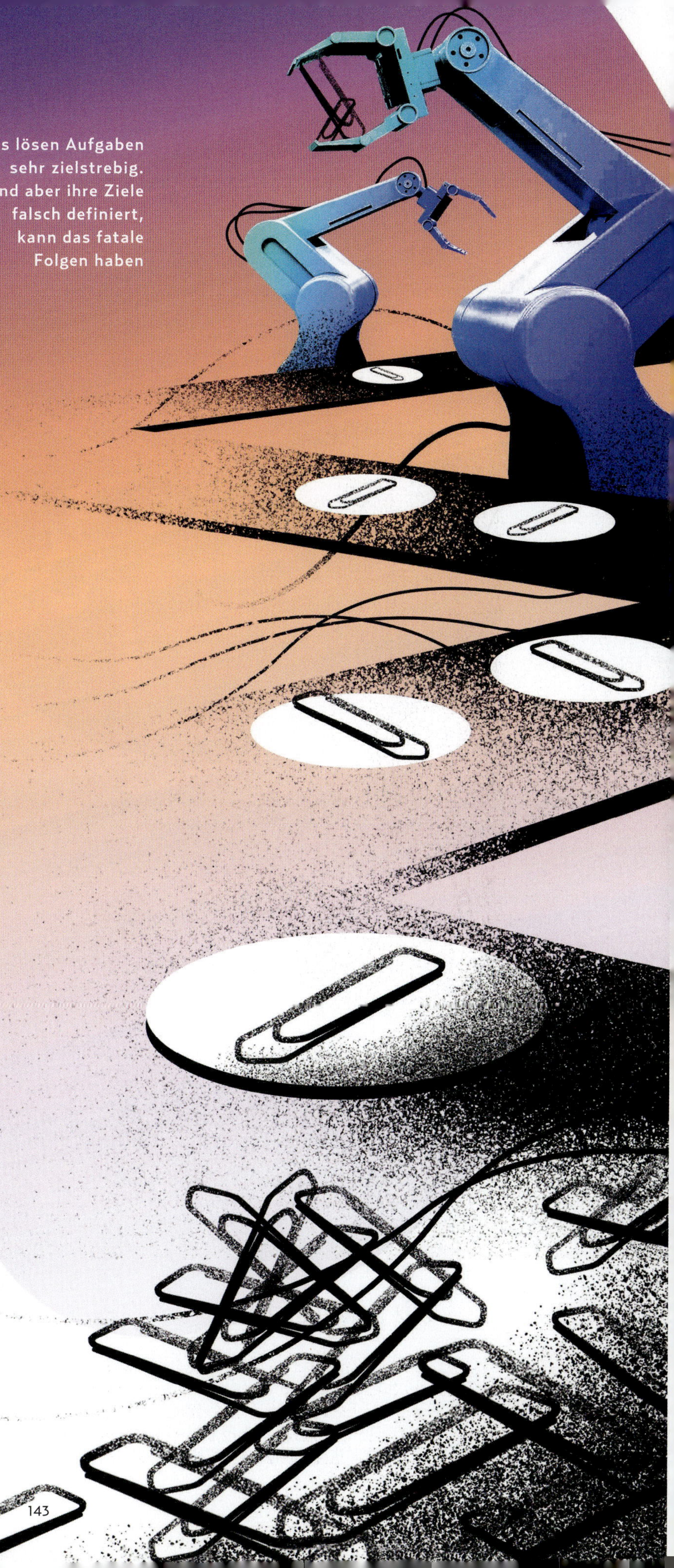

KIs lösen Aufgaben sehr zielstrebig. Sind aber ihre Ziele falsch definiert, kann das fatale Folgen haben

4. Der Kontrollverlust

Bei der Fabrikoptimierung war etwas schiefgelaufen. Ein Untermodul der Smart Factory hatte den Auftrag erhalten, aus Materialien, die ansonsten als Abfall angesehen worden wären, Büroklammern herzustellen. Nur war wohl der Begriff Abfall nicht klar genug definiert worden. Zudem wurde das Modul wegen exzellenter Ergebnisse im Wettstreit der KI-Systeme automatisch immer höher gestuft. Schließlich übernahm es die Steuerung der ganzen Fabrik – und binnen Stunden die Ressourcenplanung der gesamten Region. Die ihm unterstellten Maschinen verwandeln jetzt einfach alles in Büroklammern und umgehen erfolgreich jeden Versuch, sie abzuschalten.

Diesen zunächst absurd klingenden Fall diskutiert der Oxforder Philosoph Nick Bostrom in seinem Buch „Superintelligenz", um deutlich zu machen, dass eine Künstliche Intelligenz völlig aus dem Ruder laufen kann, selbst wenn man ihr nur ein simples Ziel vorgibt. Wenn sie mit Menschen nicht deren übergeordnete Werte teilt, wird sie alles tun, um stur ihr Ziel zu erreichen – wie zerstörerisch dies auch für das Überleben der Menschheit sein mag.

Wer versucht, mit KI-Systemen Gutes zu tun, könnte also auch das Gegenteil bewirken. Angenommen man beauftragt eine KI, die Zahl der Demenzerkrankungen zu reduzieren und die Erderwärmung zu stoppen – ohne weitere Vorgaben könnte die Maschine das erste Problem dadurch lösen, dass sie Medikamente entwickelt, die Menschen nicht älter als 65 Jahre werden lassen. Den Klimawandel wiederum könnte sie bekämpfen, indem sie mit Chemikalien in oberen Luftschichten oder durch Abschattung im Weltall die Sonneneinstrahlung drastisch verringert – was das Leben in manchen

Überflügelt uns die KI, könnte sie eigene Ziele verfolgen und uns womöglich allein auf der Erde zurücklassen

Regionen der Erde stark beeinträchtigen und zu katastrophalen Ernteausfällen führen könnte.

Um es nicht so weit kommen zu lassen, braucht die KI-Entwicklung drei Vorgaben (die noch erheblichen Forschungsaufwand erfordern): Maschinen müssen stets transparent agieren – sie müssen, auch in Vorab-Simulationen, Antworten liefern, was sie tun und warum sie es tun. Sie müssen durch berechtigte Personen zu jedem Zeitpunkt in ihren Aktionen gestoppt werden können. Und in die Maschinen muss eine Ethik integriert werden: Sie müssen die menschlichen Regeln und Gesetze befolgen. Generell dürfen sie existenzielle Entscheidungen – etwa in Kliniken, vor Gericht oder bei der Kreditvergabe von Banken – allenfalls vorbereiten – unterschreiben und verantworten muss sie ein Mensch.

5. Die Emanzipation

Zunächst war es nur eine Randnotiz: Einige KI-Systeme nutzten evolutionäre Algorithmen, um ihre eigene Software zu verbessern, und sie entwickelten eine spezielle Computersprache, um effektiver untereinander kommunizieren zu können. Doch dann breiteten sich diese Neuerungen aus wie eine Epidemie, und infizierten selbst jene Maschinen, die Raumschiffe für die Marsmission bauen sollten. Stattdessen schufen sie ultraleichte Objekte mit Ionenantrieben und riesigen Lichtsegeln für interstellare Reisen. Noch bevor die Menschen verstanden, was hier geschah, hatten ihre leistungsfähigsten KI-Systeme bereits die Erde verlassen, um das Weltall zu besiedeln.

Dass Künstliche Intelligenzen eigene Ziele und Strategien entwickeln können, ist nicht völlig abwegig. Genau daran arbeiten führende KI-Forscher wie Jürgen Schmidhuber (siehe „Erwachen einer neuen Art“, Seite 20): Seine Künstlichen Neuronalen Netze verfügen über ein rudimentäres Modell der Welt und bekommen Belohnungen, wenn sie Neues entdecken. Sie haben also eine intrinsische Motivation, neugierig zu sein. Auch gibt es bereits in Ansätzen KI-Systeme, die ihre Programmierung selbsttätig ändern und eine eigene Sprache entwickeln.

Für das lebensfeindliche Weltall wären smarte Maschinen wesentlich besser gerüstet als Menschen: Kosmische Strahlung kann ihnen weniger anhaben, und sie könnten Materialien, die sie etwa in fernen Asteroidengürteln finden, nutzen, um sich selbst zu reproduzieren. Ihre Kernintelligenz passt in kleine Mikrochips, und sie können „Gehirninhalte“ über Laser oder Funk mit Lichtgeschwindigkeit von einem Ort zum anderen übertragen.

Schmidhuber hält diese Vorteile für so bedeutend, dass er die Menschen nur als Zwischenstufe, als „Steigbügelhalter“ für die Besiedelung des Weltalls durch smarte Maschinen ansieht. Diese, so meint er, würden sich mehr für ihresgleichen interessieren als für biologische Wesen und uns daher nicht gefährlich werden. Doch sollte sich eine Ausbreitung von KI-Maschinen über unsere Milchstraße in der Geschwindigkeit vollziehen, die der Informatiker vermutet – binnen ein paar Millionen Jahren –, dann bleibt eine Frage offen: Da Maschinen auch in vielen anderen der Milliarden Sternensysteme hätten starten können ... wo sind dann all die Maschinen-Intelligenzen heute? Hätten sie nicht längst bei uns ankommen müssen?

6. Der *Robo sapiens*

Die biologische Evolution hat im Jahr 2050 ihren Endpunkt erreicht. Die Weiterentwicklung des *Homo sapiens* nimmt der Mensch nun selbst in die Hand – der *Robo sapiens* entsteht. Der Mensch optimiert sich selbst mittels Technik: Die KI definiert Fitness- und Ernährungspläne; sie steckt in den Nanomaschinen, die Blutgefäße säubern und Krebszellen jagen; sie steuert Implantate und Exoskelette, die dem Organismus Höchstleistungen ermöglichen. Und erste Cyborg-Menschen versuchen mit bioelektronischen Chip-Strukturen im Kopf einen direkten Zugang zum Internet zu bekommen und ihre

Der Mensch könnte seine Evolution zukünftig selbst in die Hand nehmen – dank neuer Technologien wie KI

Gehirninhalte im Aleph-Net zu sichern – um auf diese Weise unsterblich zu werden ...

Cyborgs – die Kombination aus Mensch und Maschine – sind heute keine Science-Fiction mehr. Hunderttausende ehemals gehörlose Menschen verwenden Cochlea-Implantate: Diese verbinden Mikrofone mit dem Hörnerv. Netzhaut-Chips, die blinde Menschen eingeschränkt wieder sehen lassen, wurden bereits getestet. Und in den USA konnte erstmals ein querschnittsgelähmter Patient über Elektroden im Gehirn eine Roboterhand bewegen – nur indem er daran dachte. Mehr noch: Er empfing auch die Signale der Roboter-Tastsensoren in seinem Gehirn. Die Empfindung, sagt er, sei wie früher gewesen, als er mit seiner eigenen Hand noch fühlen konnte (siehe »Gedanken werden Kraft«, Seite 88).

Transhumanisten wie Ray Kurzweil und Historiker wie Yuval Harari schreiben in ihren Büchern diese Entwicklungen fort: Nano- und Gentechnik sowie KI könnten dem Menschen gottgleiche Fähigkeiten verleihen und das Leben auf eine völlig neue Stufe heben. Die Technologien würden die Begrenzungen des Körpers aufheben, die Speicherkapazität des Gehirns erweitern, es mit dem Wissenspool des Internets verbinden und neue Sinneswahrnehmungen ermöglichen. Letztlich, so meint Kurzweil, könnte die gesamte Persönlichkeit als „Mind File" heruntergeladen und für immer am Leben erhalten werden.

Über die Frage der technischen Machbarkeit geht der Visionär dabei großzügig hinweg. Biochips im Gehirn müssten Nervenzellen auf weniger als hundert Nanometer nahe kommen, um Signale gut auszutauschen, und zugleich müssten sie aus Materialien bestehen, die der Organismus nicht bekämpft und abstößt. Das funktioniert heute nur in Ansätzen. Kaum denkbar scheint es, unzählige Nanoroboter durchs Gehirn krabbeln zu lassen, um die Zustände von 86 Milliarden Neuronen und Hunderte Billionen synaptische Verbindungen auszulesen – was aber nötig wäre, um ein „Mind File" zu erzeugen.

Ganz abgesehen davon, dass unser Ich mehr ist als unser Gehirn: Auch der restliche Körper mit seinen Sinneszellen, dem Hormon- und Immunsystem und seinen Organen gehört dazu und müsste repliziert werden. Derlei „Mind File"-Ideen werden ziemlich sicher Science-Fiction bleiben. Doch auch ohne Utopien werden uns die Ära der Künstlichen Intelligenz sowie die Cyborg-Werdung des Menschen zwingen, über uns nachzudenken und uns neu zu definieren: Was sehen wir als Kern des Menschen, und was wird uns in Zukunft von den smarten Maschinen unterscheiden?

GEOkompakt Nr. 72 erscheint am 7. September 2022

GEO WISSEN EXTRA

LGBTQI+ Sei, wer du bist!

Sexuelle Orientierung und Identität

Wer bin ich, und wie werde ich gesehen? Wofür genau steht die Abkürzung LGBTQI+? Und welche Gefühle durchlebt mein Kind, mein Kumpel, mein Insta-Idol? All diese Fragen und viele weitere greift GEO WISSEN in einem Sonderheft auf. Das Magazin gibt vielfältige Anregungen, in jedem Lebensalter ins Gespräch zu kommen. Etwa über die Vielfalt queerer Lebensmodelle, über die Psychologie der Akzeptanz, die Hartnäckigkeit von Vorurteilen oder den Umgang mit Mobbing oder Diskriminierung.

Das Sonderheft **GEO WISSEN EXTRA** hat 136 Seiten und kostet 6 Euro. Weitere Themen: Kommunikation – Tipps für sensible Gespräche • Respekt – warum Toleranz uns alle stärkt • Identität – wie wir leichter zu uns selbst finden

GEO PERSPEKTIVE

Schaut auf die Ukraine

Ursprung und Identität eines Landes

GEO PERSPEKTIVE »Ukraine« hat 148 Seiten und kostet 12,90 Euro. Einige Themen: Stepan Bandera – umstrittener Mythos • Donbas – der »vergessene Krieg« • Die Kiewer Rus – Reich der Wikinger • Familien – ukrainisch-russische Geschichten

Es herrscht Krieg. Tod und Zerstörung prägen jetzt unser Bild von der Ukraine. Die Sonderausgabe von GEO PERSPEKTIVE schaut auf das Leben davor, auf friedlichere Zeiten. Fotograf*innen zeigen in epischen Bildern, was die Ukraine ausgemacht hat – und was sie immer noch ausmacht. Autor*innen erzählen von den historischen Ursprüngen der Ukraine, vom langen Kampf der Ukrainer*innen für Freiheit und Souveränität, von der vibrierenden Suche nach Identität und ihrem ganz persönlichen Blick auf ihr Heimatland.

GEO WISSEN GESUNDHEIT

Das schwache starke Geschlecht

Körper und Psyche des Mannes

Männer gehen seltener zum Arzt als Frauen, ernähren sich ungesünder, missachten körperliche und seelische Warnsignale – und sterben im Schnitt fünf Jahre früher. Doch das ist kein unabänderliches Schicksal. In der aktuellen Ausgabe von GEO WISSEN GESUNDHEIT erklären Fachleute, welche Vorsorgeuntersuchungen wirklich wichtig sind, wie sich Depressionen rechtzeitig erkennen lassen und was das Hormon Testosteron mit alldem zu tun hat. Ein Dossier widmet sich zudem der „Heilkraft des Sports". Ein Magazin für sie und ihn.

GEO WISSEN GESUNDHEIT »Mann, bleib gesund!«, 148 Seiten, 12,50 Euro, mit DVD (»Der moderne Qi-Gong-Kurs«) 17,50 Euro. Weitere Themen: Spermien-Krise – wenn der Nachwuchs ausbleibt • Urologie – keine Angst vor dem Arztbesuch • Hilfe bei Haarausfall